PEDRO HENRIQUE CAVALCANTE DE MEDEIROS

ENGAJADO COM A VERDADE

2024

Dados Internacionais de Catalogação na Publicação (CIP)
(Câmara Brasileira do Livro, SP, Brasil)

Medeiros, Pedro Henrique Cavalcante de
    Engajado com a verdade / Pedro Henrique
Cavalcante de Medeiros. -- Nova Iguaçu, RJ :
Ed. do Autor, 2024.

    ISBN 978-65-01-07147-3

    1. Comportamento 2. Conduta de vida - Aspectos
religiosos 3. Cristãos 4. Cristianismo - Essência,
natureza, etc. 5. Cristianismo - Filosofia
6. Princípios bíblicos 7. Vida cristã I. Título.

24-213909   CDD-230.1

Índices para catálogo sistemático:

1. Cristianismo : Filosofia   230.1

Aline Graziele Benitez - Bibliotecária - CRB-1/3129

PREFÁCIO

Sinto-me extremamente honrado em ter sido convidado pelo meu amigo Pedro Henrique Medeiros, pastor, professor, historiador, etc., para fazer o prefácio deste livro tão necessário para estes últimos dias que antecedem a volta de Jesus. Pelo título do livro: *"ENGAJADO COM A VERDADE"*, percebe-se o caráter apologético desta obra que, certamente, será de grande utilidade para a edificação da Igreja nesta geração e nas futuras.

Após uma investigação teórica e histórica dos fundamentos filosóficos que sustentam o pensamento pós-moderno e suas variantes: *secularismo, pós-verdade e era digital*, Pedro Henrique Medeiros propõe algumas respostas à luz da Palavra de Deus às seguintes perguntas: Como manter uma vida cristã íntegra neste mundo de constantes mudanças? Como permanecer firmes no Evangelho em um mundo marcado pela secularização? Como permanecer firme na verdade e defendê-la em um mundo de mentiras e pós-verdade? Como viver no Espírito num mundo tão corrompido? Como ser um obreiro útil e aprovado nesta era digital?

Seu propósito é apresentar um guia de orientação bíblica para cristãos que vivem à partir da segunda década do século XXI, a fim de superarem os problemas e os desafios da vida cristã, sobretudo, os que dizem respeito à confusão entre mundo virtual e o mundo real e como viverem de forma fiel nestes dias, engajados com a Verdade.

O Autor apresenta o resultados de suas análises e percepções a partir do tempo sombrio da crise sanitária de 2020, onde se consolidou um novo contexto tecnológico e cultural, e nos indica os caminhos para descobrirmos, na Palavra de Deus, as respostas a essas e a outras perguntas sobre o contexto no qual vivemos.

Ele também faz um alerta acerca do perigo do secularismo, que produz esfriamento espiritual e indiferentismo religioso, e nos incentiva a tomarmos uma posição e assumirmos a responsabilidade evangelística e missionária em meio a esta sociedade. O autor nos chama atenção sobre o processo de secularização que racionaliza a fé religiosa, juntamente com o utilitarismo e com o indiferentismo e que culmina na indistinção entre o sagrado e o profano, resultando, com isso, na expansão do mundanismo no meio cristão.

Para ele, a adoração não pode ser considerada como algo exterior e ritualístico, mas deve expressar um relacionamento real entre o servo e o seu Senhor. E afirma brilhantemente que sem santidade não há adoração verdadeira, ou seja, o adorador precisa se santificar, pois, se não for assim, sua adoração não passará de uma bela música, uma bela encenação ou uma mera apresentação, que poderá exaltar mais o homem do que Deus.

Assim, todos os pensamentos, projetos, sonhos, atividades, comportamentos, etc., precisam visar a glória de Deus. A firme esperança do cristão é viver a eternidade com Cristo, e, para isso, será preciso enfrentar adversidades, sem esmorecer na fé, como fez o apóstolo Paulo, que combateu o bom combate, acabou a carreira, guardou a fé (2 Tm 4.7). Não há dúvidas de que é cada vez mais urgente o engajamento de todo cristão com a Verdade. Estamos vivendo os tempos trabalhosos preditos pelo apóstolo Paulo em sua última epístola escrita a Timóteo (2 Tm 3.1).

Por fim, o autor nos desafia a manter o comprometimento com o estudo da Bíblia e com a vida em oração, se quisermos vencer as armadilhas do secularismo, as seduções da pós-verdade e os perigos da era digital. Sem dúvidas, estamos diante de um livro apologético e necessário para todo cristão que deseja estar ENGAJADO COM A VERDADE.

Boa leitura!

Pr. Anderson Barreto de Souza, teólogo, pedagogo, pós-graduado em Teologia Pentecostal, pastor da Igreja Evangélica Sinais e Prodígios em Nova Iguaçu, autor do livro: *Ensinando com Excelência na Escola Dominical*, publicado pela CPAD.

SUMÁRIO

INTRODUÇÃO

Há alguns anos, aprendi que o ministro da Palavra de Deus precisa ter domínio sobre duas dimensões. Assim como ele buscar incessantemente o conhecimento bíblico, ele também precisa ser um observador atento do mundo atual. Somos uma ponte entre esses dois mundos. O mundo em que vivemos possui muitas questões a serem respondidas, as pessoas precisam de orientação e de sentido de mundo. Essas questões devem ser buscadas na Palavra de Deus e, para encontra-las, é necessário um comprometimento ou um engajamento com o estudo da Bíblia e com a consagração da vida em oração. Ao encontrar as respostas, o ministro deve contextualizá-las e apresenta-las àqueles que necessitam.

Após o tempo sombrio da crise sanitária vivida no mundo, a partir de 2020, um novo contexto tecnológico e cultural foi consolidado. O que era para ser desenvolvido ao longo dos próximos dez ou vinte anos, foi acelerado para dois anos. Refiro-me, por exemplo, à expansão das redes sociais como principal meio de comunicação e de transmissão de informações, à consolidação dos cursos online como principal meio de aquisição de conhecimento especializado e à disseminação das mentiras ou das meias verdades e suas trapaças emocionais como instrumentos de convencimento e manipulação mental com interesses políticos, sociais e culturais, por meio das mídias digitais.

O que fazer diante dessa situação? Como manter uma vida cristã íntegra em um contexto no qual parece não haver mais nada sólido ou duradouro? Como manter a centralidade do Evangelho em um mundo secularizado? Como permanecer firme na verdade e defende-la em meio a um mundo de mentiras e chantagens emocionais do tempo da pós-verdade? É possível ter uma vida frutífera no Espírito Santo em meio à essa realidade? Como ser um obreiro útil e glorificar o nome de Deus na era digital? É possível encontrar essas respostas bíblicas para essas questões?

A proposta deste livro é indicar os caminhos para te auxiliar a descobrir na Palavra de Deus as respostas a essas e a outras perguntas sobre o contexto no qual vivemos. Como esse texto foi construído? As questões propostas surgiram a partir da vivência, dos estudos e da observação deste autor. Tenho investido nas redes sociais desde o ano de 2010, quando criei meu blog conhecimentoegraca.blogspot.com. Hoje, invisto, principalmente, na página do Instagram: @prof.pedrohenriquemedeiros, canal em que compartilho um pouco do meu dia a dia, devocionais, estudos bíblicos, pregações e conteúdo de História da Igreja.

Em 2020, concluí minha tese de doutorado em História, na qual analisei a história do discurso missionário protestante no Brasil, no século XIX, utilizando como fonte principal a imprensa. Também no ano de 2020, publiquei um livro em coautoria no qual analisei os discursos produzidos em meio à crise sanitária principalmente pelos órgãos oficiais e pelas mídias digitais. Em 2021, realizei uma série de cursos online e li livros voltados para o marketing digital. Nesses cursos, tomei a postura não apenas passiva, mas de analista, buscando identificar os fundamentos filosóficos deste novo tempo. E, a partir de 2022, tenho apresentado as conclusões de toda essa experiência e as respostas bíblicas para os problemas encontrados em pelo menos três palestras em Escolas Bíblicas: na Maratona Teológica da Primeira Igreja Batista Renovada em Guadalupe, Rio de Janeiro; na Assembleia de Deus em Jardim Alvorada, Nova Iguaçu, tanto no Curso de Formação e Aperfeiçoamento de Obreiros (2023), quanto na Escola Bíblica Anual de Obreiros e Membros (2024). Este livro é o resultado atualizado do material produzido para essas palestras.

Os questionamentos surgidos com a experiência e a observação foram consolidados com a investigação teórica e histórica de quais eram os fundamentos filosóficos que sustentavam o pensamento pós-moderno e suas variantes: secularismo, pós-verdade e era digital. Assim, foi concluída a primeira parte da pesquisa. Destaque-se, porém, que a proposta não era apenas teórica ou analítica. A aplicação prática era necessária. A ideia era a apresentar um guia de orientação bíblica para cristãos que vivem na segunda década do século XXI. Por isso, as questões levantadas se tornaram problemas e desafios para a vida cristã, principalmente na confusão presente entre mundo virtual e mundo real.

Com problemas formulados, o próximo passo foi buscar nas Escrituras as respostas a esses desafios. Ao longo do livro, você encontrará diversos textos bíblicos analisados que são um antídoto do Espírito Santo para uma vida cristã sadia em meio à pós-modernidade. Ciente de que a Palavra de Deus não se esgota, sinta-se estimulado a buscar em oração e meditação das Escrituras toda a orientação necessária para como viver de forma fiel nestes dias.

O resultado desta pesquisa é apresentado em três partes. Na primeira, você descobrirá os problemas gerados pelas ideias do secularismo, saberá identificar a influência do secularismo dentro das igrejas e como tratar desses problemas de forma bíblica. Na segunda parte, apresento uma discussão breve sobre um tema novíssimo e com pouca literatura especializada disponível, ou seja, a pós-verdade com seus tópicos como: *fake news*, desinformação e manipulação emocional. Apesar desse tema ter surgido na área da política, sua disseminação maléfica já é notada no meio cristão. Na terceira parte, como um servo do Senhor, você encontrará os caminhos para entender a tecnologia da era digital e como ser útil e viver em santidade em meio às mídias digitais, engajando-se somente com a verdade.

Boa leitura!

1ª Parte

MANTENDO A CENTRALIDADE DO EVANGELHO EM UM MUNDO SECULARIZADO

"Não extingais o Espírito." (1º Ts 5.19).

Capítulo 1

O SIGNIFICADO DO SECULARISMO

O que é a secularização? No dicionário, encontramos a seguinte definição: "Ato ou efeito de tornar ou tornar-se secular, de tirar ou perder o caráter religioso".[1] Já o conceito de secularismo é definido como:

> Sistema que não assume a influência da religião no destino dos homens. Sistema político que separa a religião do Estado e das instituições governamentais. Doutrina de acordo com a qual os elementos religiosos devem ser excluídos de ambientes escolares ou públicos. Sistema ético que não aceita a influência da fé ou da devoção religiosa, pautando-se somente em fatos ou experiências resultantes da vida presente.[2]

No Dicionário Teológico, de Claudionor de Andrade, a definição de secularismo é: "Doutrina que ignora os princípios espirituais na condução dos negócios

---

[1] SECULARIZAÇÃO. *Dicio – Dicionário Online de Português*. Disponível em: <https://www.dicio.com.br/secularizacao/>. Acesso em: 20 abr. 2024.

[2] SECULARISMO. *Dicio – Dicionário Online de Português*. Disponível em: <https://www.dicio.com.br/secularismo/>. Acesso em: 20 abr. 2024.

humanos".[3] Essa significação teológica também é seguida por Antônio Gilberto, que diz: "Secularismo é o inverso da espiritualidade bíblica na vida do crente. [...] Secularismo e seus pecados na maior parte são pecados do espírito".[4]

No campo teológico, portanto, a secularização como processo e o secularismo como ideia têm sido entendidos como o processo de esfriamento espiritual e o consequente indiferentismo religioso.

A partir de uma perspectiva sociológica, secularização pode ser definida como o processo pelo qual setores da sociedade – Estado, escola, economia, etc. - e da cultura – artes, ideias, comportamentos, etc. – se separam do controle, gestão e influência da religião. No nosso caso, da religião cristã.

O sociólogo Jean-Paul Willaime explica que o conceito de secularização se refere à

> Emancipação das representações coletivas com relação a toda referência religiosa, a constituição de saberes independentes com relação à religião, a autonomização da consciência e do comportamento

---

[3] ANDRADE, Claudionor Corrêa de. *Dicionário Teológico*. Edição revista e ampliada. Rio de Janeiro: CPAD, 1998, p. 261.
[4] SILVA, Antônio Gilberto da. A secularização e a contextualização. *Bíblia com Comentários de Antônio Gilberto*. Rio de Janeiro: CPAD, 2021, p. 1420.

dos indivíduos com relação às prescrições religiosas.[5]

Em uma sociedade secularizada, a religião perde o espaço de explicadora da realidade e como elemento fundamental para dar sentido a vivência humana. A religião, em uma sociedade secularizada, torna-se assunto privado e de pouca influência sobre a sociedade em geral.

Contudo, o processo da secularização não resulta na perda da crença, mas na perda da influência da crença sobre a organização social. O resultado é a existência de uma sociedade completamente indiferente à religião, especialmente ao cristianismo, ao mesmo tempo em que há uma religião alheia às necessidades espirituais dos homens.

Ao tratarem dos aspectos da religião secularizada Willaime e Joaquim Costa apresentam, cada um em sua obra, elementos importantes para serem considerados pelo leitor. Para Willaime, as religiões secularizadas tendem a serem altamente místicas, isto é, totalmente isoladas da sociedade e incompreensíveis para quem não faz parte dos seus fiéis, ou a religião se acomoda e passa a investir nas estratégias de mercado para vencer a concorrência pelo maior número de fiéis ou se abre ao pensamento crítico em relação à fé.

---

5 WILLAIME, Jean-Paul. *Sociologia das Religiões*. São Paulo: Editora UNESP, 2012, p. 155.

Em todos esses casos, importa assinalar, a igreja perde o seu propósito de ser proclamadora da verdade. A igreja não pode se fechar nas suas quatro paredes, tornando-se isolada da sociedade. A missão da igreja é anunciar o Evangelho a toda a criatura. Para isso, os cristãos não podem se afastar da verdade ou considera-la apenas um discurso dentre tantos outros, podendo acomodá-la ao bem querer dos ouvintes (2 Tm 4.2-3; 1 Co 9.22; Mc 16.15). O nosso compromisso é com o senhorio de Jesus Cristo e trabalhamos para o resgate das almas que ainda não tiveram um encontro com nosso Senhor.

Joaquim Costa apresenta uma perspectiva diferenciada sobre os resultados da secularização da religião. Costa concorda com o elemento da ego gratificação em religiões secularizadas, isto é, na qual, em meio à concorrência no mercado da fé, apresentam produtos que possam satisfazer o desejo do fiel. Porém, também indica o fato de em realidades de pluralidade religiosa, uma das características da secularização da sociedade, há religiões a ampliar seu foco para o proselitismo.[6]

Isso serve de alerta para todos nós. Há crentes que vão reclamar ou se acomodar a realidade de uma sociedade secularizada. Mas há crentes que tomaram uma posição e assumirão a sua responsabilidade evangelística

---

[6] Cf. COSTA, Joaquim. Sociologia da Religião. Aparecida, SP: Editora Santuário, 2009, p. 112-115.

e missionária em meio a uma sociedade secularizada (Jr 1.10; Is 52.7).

Como a secularização teve início em nossa sociedade? Para o sociólogo Peter Berger, o fenômeno da secularização é próprio da Modernidade, principalmente a partir da Reforma Protestante e a racionalização da fé cristã. Para Peter Berger, a rejeição ao mistério, a magia e ao milagre, próprios da religião medieval, pelos reformadores, agravada, posteriormente, pelos puritanos, fez com que a secularização se desenvolvesse. O que isso quer dizer? A religião, anteriormente, servia como elemento explicativo para toda a realidade social, conhecimento ao qual só era alcançado a partir da autoridade da igreja. A religião estava difundida por todos os elementos sociais.

Para Berger, com a Reforma Protestante, a religião passou a estar associada objetivamente a uma instituição específica: a Igreja. Deve-se considerar também que o fim da Idade Média e início da Modernidade é o momento de formação dos Estados Nacionais. Surge então, a ideia de uma Igreja unida ao Estado, tornando esse Estado confessional. Mas entre os protestantes promove-se a defesa da liberdade religiosa e o consequente fim da união entre Estado e Igreja. Em meio a essa luta e diante do pluralismo religioso, a religião passaria a se tornar gradativamente em um elemento de escolha privada dos homens, perdendo seu aspecto de construir um mundo comum com sentidos que possam abrigar a todos em uma determinada sociedade.[7]

Note-se que essa ideia já havia sido desenvolvida pelo sociólogo Max Weber. No clássico *Ética Protestante e o Espírito do Capitalismo*, Weber diz que o pensamento calvinismo e puritano resultaram em "uma sistemática conformação racional da vida ética em seu conjunto".[8] No mundo medieval, por exemplo, quem decidia se dedicar à vida religiosa "saía do mundo" e ingressava na vida monástica. O religioso protestante, entretanto, busca sua vida santa no mundo, tornando todos os afazeres cotidianos, que a princípio estariam no espaço do profano, isto é, comum e ordinário, em espaços sagrados. Esse tipo de crente protestante, de acordo com Weber:

> Ingressa no mercado da vida, fecha atrás de si as portas do mosteiro e se põe a impregnar com sua metódica justamente a vida mundana *de todo dia*, a

---

[7] Cf. BERGER, Peter. *O Dossel Sagrado*: elementos para uma teoria sociológica da religião. São Paulo: Paulinas, 1985, pp. 131-163. Posteriormente, Peter Berger mudou sua posição em relação à ideia de que toda a sociedade ocidental caminhava para um processo irreversível de secularização. Na verdade, a sociedade tem se revelado cada vez mais religiosa.

[8] WEBER, Max. *A Ética Protestante e o Espírito do Capitalismo*. Edição de Antônio Flávio Pierucci. São Paulo: Companhia das Letras, 2004, p. 115.

transformá-la numa vida racional *no mundo*, não *deste mundo*, não *para este* mundo.[9]

Doravante, o trabalho passou a ser considerado a finalidade da vida ordenada por Deus, a falta de vontade de trabalhar é sinal da falta de graça. Além disso, todos têm uma vocação que deve ser reconhecida e exercida. O perigo de enterrar os talentos é grave! A vocação religiosa é um mandamento de Deus para todos, não um destino para alguns, como no pensamento medieval, pelo qual o crente deve trabalhar para a glória de Deus.

Em que sentido essa ideia louvável e bíblica (1 Co 10.31) tornou-se problemática e fomentadora do secularismo religioso? É óbvio que não foi pela prática da verdade bíblica de fazer tudo para a glória de Deus. Também não foi pela prática das boas obras, da vida honesta e de ser alguém verdadeiro. Em uma igreja, apesar de haver diversos tipos de "crentes" espera-se que essas características sejam a realidade ou a meta dos cristãos genuínos.

O sociólogo Max Weber, em viagem aos Estados Unidos, no início do século XX, coletou diversas informações que serviram para a elaboração do seu clássico *Ética Protestante e o Espírito do Capitalismo*. As anotações sobre essa viagem podem ser encontradas na obra *Ensaios de Sociologia*. Weber observou que em razão dessas características, ser membro de uma denominação

---

[9] IDEM, *Ibidem*, p. 139.

protestante servia como um certificado de garantia de honestidade e probidade: "É importante que a participação numa seita significasse um certificado de qualificação moral e especialmente de moral comercial para a pessoa".[10]

Isso é louvável e a palavra do crente deveria continuar a ter o mesmo valor. Mas, desde aquele momento, isso repercutiu e a lógica se inverteu. Se ser um membro de igreja era "certificado de probidade", quem precisava desse "certificado" para, por exemplo, conseguir um crédito, faria o quê? Sim, iria se tornar membro de uma seita (denominação). Como Weber explica:

> A admissão à congregação é considerada como uma garantia absoluta de qualidades morais, especialmente as qualidades exigidas em questões de comércio. O batismo garante à pessoa os depósitos de toda a região e o crédito ilimitado sem qualquer concorrência. Ele é um "homem feito na vida".[11]

---

[10] WEBER, Max. *Ensaios de Sociologia.* 5ª ed. Rio de Janeiro: LTC – Livros Técnicos e Científicos Editora S.A., 1982, p. 351. Em síntese, Weber utiliza o conceito de seita como uma organização religiosa na qual as pessoas decidem aderir de forma voluntária. Isso seria o contrário do conceito que ele utiliza para igreja, vista como uma organização religiosa tradicional, na qual a pessoa faz parte de forma involuntária, como as pessoas que nascem nessa igreja.

[11] IDEM, *Ibidem,* p. 350.

Weber dá continuidade à sua análise de como essa prática da probidade vinculada ao comércio fomentou o capitalismo moderno caracterizado por sua racionalidade. Mas, no nosso caso, é preciso questionar qual foi o resultado desse tipo de prática para o cristianismo? De forma gradativa, esse tipo de pensamento e prática fez com que ao invés da religião cristã se tornar o elemento a governar a vida dos homens e dar-lhes sentido de vida, passou a ser vista de forma utilitária: - farei parte da religião porque conseguirei aquele benefício!

Dentro dessa perspectiva, Weber também observou como os pregadores passaram a adaptar a pregação à lógica de mercado, com a meta de agradar a clientela, naquilo que lhe interessava:

> A concorrência entre as seitas é forte, entre outras coisas, através das ofertas materiais e espirituais nos chás das congregações. [...] Apesar dessa aguda competição, as seitas mantinham com frequência relações mútuas bastante boas. No serviço da Igreja Metodista a que compareci, por exemplo, a cerimônia de batismo que mencionei acima era recomendada como um espetáculo para edificar a todos. Em geral, as congregações se recusavam a ouvir a pregação do "dogma" e distinções entre as seitas. Só se podia falar em "ética" [12]

---

[12] IDEM, *Ibidem*, p. 352.

Se naquele momento, do desenvolvimento do capitalismo moderno, a questão mais importante era o discurso moralista e ético. Qual seria o discurso mais relevante para os nossos dias? Qual é a temática que mais agrada às pessoas? Assim, entendo que o problema do secularismo não foi o protestantismo, mas um tipo específico de atitude praticada por determinados protestantes, pregadores e líderes de igrejas que se submeteram à ideia de uma religião utilitarista, moralista e racionalista. Se a igreja se submete à lógica de mercado, então perdemos o foco em relação à missão da Igreja de Jesus e ingressamos no lamaçal do secularismo.

Portanto, o indiferentismo religioso é a maior evidência da secularização ocorrendo dentro da igreja, entre cristãos. Não podemos nos acomodar a um estado de conformismo diante do avanço da profanação, isto é, tornar comum e banal aquilo que é sagrado para a caminhada cristã (Rm 12.2; Ez 22.26).

A consequência disso é que, em razão do secularismo religioso, o Céu é substituído pelos desejos e vicissitudes desta terra. O senhorio de Cristo é ignorado e substituído pelo anseio pela satisfação dos desejos do homem. Isso significa dizer, por exemplo, que quando o culto cristão deixa de estar centralizado em Jesus Cristo e passa a estar centralizado no homem há presença do pensamento secularista em nosso meio. Pior, por vezes, esse pensamento é introduzido na igreja de forma sutil e quase imperceptível.

Em suma, o conceito de secularismo abrange, em primeiro lugar, a privatização da religião, tornando-a não apenas independente do espaço público, mas também irrelevante para as questões mais básicas da sociedade. Outros elementos próprios do processo de secularização é a racionalização da fé religiosa, o utilitarismo, o indiferentismo, que culmina na indistinção entre o sagrado e o profano, tendo como consequência a expansão do humanismo, do egocentrismo, do materialismo, ou seja, do mundanismo no meio cristão.

A Bíblia permanece como a nossa norma de fé e prática. É nela que encontramos as respostas e a orientação certa para permanecermos no caminho de santidade (Sl 119.10-11). Dessa forma, é fundamental o retorno às Escrituras Sagradas para balizar nosso caminho. Ela é o nosso guia para caminharmos longe do secularismo religioso. Ela é o alerta contra os perigos que rondam a prática cristã nos dias de hoje. Por isso, a seguir, proponho uma avaliação bíblica sobre três áreas da vivência cristã sobre as quais precisamos nos manter vigilantes: a adoração, a pregação e a vida cristã.

Capítulo 2

O SENTIDO DA ADORAÇÃO CRISTÃ

Ao pesquisar, no dia de hoje, 26 de abril de 2024, o índice de buscas no *Google Trends* sobre o verbo adorar, é notável que este verbo excede exponencialmente em buscas no google em relação aos verbos orar, pregar e evangelizar, como pode ser visto no gráfico abaixo:

Gráfico 1 – Pesquisa comparada pelo *Google Trends* sobre as buscas nos últimos 12 meses (maio 2023 – abr. 2024) entre os termos: adorar, pregar, evangelizar e orar.

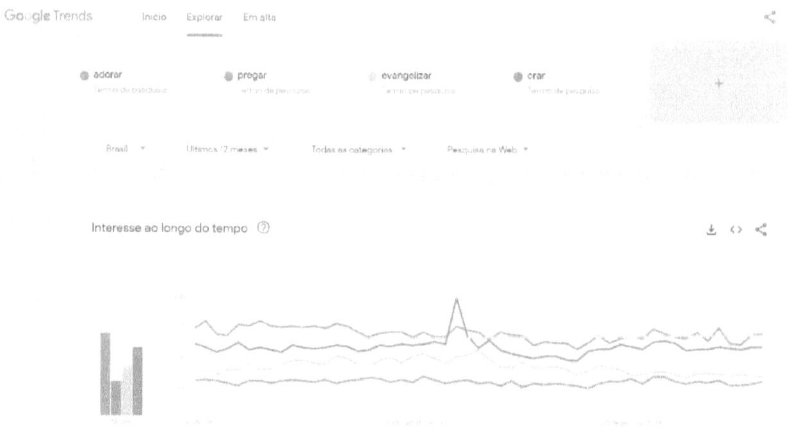

Fonte: *Google Trends*

A primeira linha é referente aos índices de busca do verbo adorar, nos últimos doze meses, a linha seguinte refere-se ao verbo orar, em seguida, ao pregar e, por fim, ao evangelizar. Os índices do *Google Trends*[13] têm a intenção de mostrar como esses termos são buscados nas diversas ferramentas do Google, principal plataforma de buscas da internet. Isso serve como um termômetro, nesta era digital, sobre o que as pessoas têm pensado e como têm agido. Um dos principais textos bíblicos de referência sobre o tema da adoração é João 4, especialmente os versos 23 e 24, sobre os quais proponho uma breve análise.

O verbo grego utilizado nesse texto traduzido por adorar é *proskyneo* e o seu significado está associado a ideia de se lançar de joelhos em honra a alguém em posição de autoridade.[14] Essa ideia se completa com a imprescindível reverência e demonstração de obediência à autoridade.

Apesar de *proskyneo* implicar o aspecto externo e visível da adoração, isto é, o ato de prostrar-se, a aparência de adoração não é adoração verdadeira. O texto em análise não pode ser interpretado de forma isolada, ao analisarmos o contexto ampliado do enredo construído por João, nota-se a necessidade do novo nascimento para

---

[13]   GOOGLE   Trends.   Disponível   em: <https://trends.google.com.br/trends/explore?geo=BR&q=adorar,pregar,evangelizar,orar&hl=pt>. Acesso em: 26 abr. 2024.
[14] Cf. 4352. Proskuneó. *Bíblia Português*. Disponível em: <https://bibliaportugues.com/greek/4352.htm>. Acesso em: 25 abr. 2024.

a verdadeira adoração (Jo 3.5-8). Somente os que foram regenerados pelo Espírito Santo estão aptos a prestar verdadeira adoração a Deus.

A ênfase do ensino de Jesus está no fato de que a adoração não pode ser considerada como apenas algo exterior e ritualístico (Cf. Is 29.13). Há um grave alerta para todos os que se preocupam com estruturas, tanto espetaculares quanto formalísticas em relação à adoração. O ensino de Jesus foca a vida do adorador. Nesse sentido, Benny Aker explica:

> Minha opinião é que com "em espírito e em verdade" temos uma figura de linguagem chamada hendíadis [...]. Os dois substantivos devem ser considerados juntos e formam um conceito. Eles agem como advérbio, que modifica o verbo "adorarão". Em outras palavras, a tradução deveria ser: "Adorarão o Pai de maneira verdadeiramente espiritual".[15]

O ato de adorar a Deus não parte da criatura. Nossa natureza pecadora repele o ato de rendição a Deus. O pecado está fundamentado no orgulho da criatura diante do Criador (Gn 3.5; 1 Jo 2.16). Some se a isso o fato de Deus resistir ao soberbo (Tg 4.6). Apesar disso, o convite para que todos venham adorá-lo permanece, ou seja, o convite

---

[15] ARRINGTON, French L.; STRONSTAD, Roger (ed.). *Comentário Bíblico Pentecostal*: Novo Testamento. 4ª ed. Rio de Janeiro: CPAD, 2006, p. 512.

é para todos os homens. O salmista declara: "Vinde, cantemos ao Senhor! Cantemos com júbilo à rocha da nossa salvação! [...] Ó, vinde, adoremos e prostremo-nos! Ajoelhemos diante do Senhor que nos criou" (Sl 95.1,6). Mas aqueles que resistirem ao convite e permanecerem em seus pecados, serão alvo do juízo de Deus: "Por isso, jurei na minha ira que não entrarão no meu repouso" (Sl 95.11). Portanto, aqueles que permanecem em seus pecados, sem se arrependerem, não podem prestar verdadeira adoração.

Nesse sentido, Russel Champlin acrescenta: "A reação da adoração é uma estrada com direção dupla: é inspirada por Deus, mas o homem corresponde".[16] Todos os homens têm a necessidade de adorar, porque fomos feitos para o louvor da sua glória (Ef 1.12). Porém, o homem distante de Deus preencherá essa necessidade adorando a outras coisas, ou seja, às criaturas, ao próprio ego e a tudo aquilo é temporário, circunstancial e perecível (Rm 1.23-25).

Mas a verdadeira adoração cristã está sustentada em um relacionamento real entre o servo de Deus e o seu Senhor, como está exposto no *Dicionário Bíblico Wycliffe*:

> O propósito da adoração é estabelecer ou dar expressão a um relacionamento entre a criatura e a divindade. [...] A adoração pura expressa a

---

[16] CHAMPLIN, Russel. *Enciclopedia da Bíblia, Teologia e Filosofia*: vol. 6, S-Z. São Paulo: Hagnos, 2013, p. 48.

veneração sem fazer alguma petição, e pressupõe a auto-renúncia e a entrega sacrificial a Deus. Estritamente falando, a adoração é a ocupação da alma com o próprio Deus.[17]

A Bíblia revela a natureza de Deus para nós. É verdade que nossa mente é limitada para compreender Deus em toda a sua plenitude (1 Co 13.12) e Deus não revelou tudo o que Ele é para nós, mas aquilo que Ele revelou é o suficiente para que nós venhamos a conhece-lo, ter relacionamento real com Ele, ensinar sua verdade e nos manter no caminho que nos fará permanecer com Ele por toda a eternidade (Dt 29.29).

Dessa forma, só há verdadeira adoração se permanecermos fiéis e obedientes à sua Palavra. Não basta a intenção de adorar, é preciso adorar da forma como Deus estabeleceu em sua Palavra. O livro de Levítico tem exatamente essa intenção. Os símbolos litúrgicos de Levítico, materializados pelos diversos tipos de ofertas cúlticas, foram todos cumpridos em Jesus Cristo, o Cordeiro de Deus que tira o pecado do mundo (Jo 1.29). Mas os princípios ensinados em Levítico permanecem como um padrão para a adoração em nossos dias.

De acordo com Myer Pearlman, a mensagem central de Levítico para nós é: "o acesso a Deus dá-se unicamente por meio do sangue e o acesso obtido exige a

---

[17] PFEIFFER, Charles; VOS, Howard; REA, John. *Dicionário Bíblico Wycliffe*. 2ª ed. Rio de Janeiro: CPAD, 2007, p. 31.

santidade do adorador".[18] O texto central de Levítico está no capítulo 19, versículo 2: "Fala a toda a congregação dos filhos de Israel e dize-lhes: Santos sereis, porque eu, o Senhor, vosso Deus, sou santo". Esse texto é reafirmado em 1ª Pedro 1.16. Isso significa que sem santidade, não há adoração verdadeira. Se o adorador não se santificar, sua adoração não poderá passar de uma bela música, uma bela encenação ou uma mera apresentação, que poderá exaltará mais o homem do que a Deus.

Qual o significado para nós da oferta do holocausto? Em primeiro lugar, Cristo é o nosso holocausto, a oferta perfeita pela expiação dos nossos pecados (Hb 10.9-12). Porém, cada um de nós precisamos oferecer o nosso ser em holocausto a Deus, continuamente (Rm 12.1). Observe a ênfase de Levítico 6.8-13 sobre a necessidade do sacrifício do holocausto diário para que o fogo ardesse sobre o altar de forma permanente.

Ora, assim como o sacrifício do holocausto implicava a queima sobre o altar do animal completo, assim também nós precisamos queimar todo o nosso ser no altar do Senhor. Isso significa entrega completa a Deus. Essa é a oração de Paulo pelos efésios: "para que Cristo habite, pela fé, no vosso coração; a fim de, estando arraigados e fundados em amor, [...] e conhecer o amor de Cristo, que excede todo entendimento, para que sejais cheios de toda a plenitude de Deus" (Ef 3.17,19). Ensino

---

[18] PEARLMAN, Myer. *Através da Bíblia livro por livro*. 2ª ed. rev. e atual. São Paulo: Editora Vida, 2006, p. 34.

que se completa com Efésios 5.18: "E não vos embriagueis com vinho, em que há contenda, mas enchei-vos do Espírito". Logo, se Deus é Espírito, os adoradores precisam buscar serem cheios do Espírito Santo para adorar.

É o Espírito Santo que nos regenera (Jo 3.5-6). É o Espírito Santo que habita em nós (Jo 14.17). É o Espírito Santo que nos convence do pecado, da justiça e do juízo de Deus (Jo 16.7-8). É o Espírito Santo que nos auxilia na verdadeira adoração (Jo 16.13). É o Espírito Santo que intercede por nós (Rm 8.26). É o Espírito Santo que nos ensina a Palavra de Deus (Jo 14.26). E é o Espírito Santo que derrama o amor de Deus em nossos corações, que nos conduz em adoração (Rm 5.5).

Portanto, qualquer tipo de "adoração" que não esteja centralizada em exaltar o nome de Jesus Cristo, que não glorifique a Deus por todos os seus feitos e por quem Ele é, que não reconheça o quanto somos pecadores necessitados da graça de Deus, que não esteja sustentada na Palavra de Deus e que não enfatize a necessidade de buscar o enchimento do Espírito Santo, não pode ser considerada como verdadeira adoração.

O jornalista e crítico musical britânico Steve Turner, um líder cristão que está diretamente inserido no mercado da cultura pop, ao abordar a questão da engenharia das emoções do mundo do entretenimento contemporâneo diz o seguinte:

> Em vez de uma verdadeira experiência de ouvir e
> ver, os concertos de rock se tornaram um ataque
> sensorial em que se fica visual, auricular e
> fisicamente vislumbrado. [...]
> Em cada área da cultura popular o importante é
> superar seja lá o que for que havia antes. O público
> fica saturado com o familiar e, quando isso
> acontece, a experiência que uma vez havia aliviado
> o tédio se torna entediante. Os produtores são
> forçados a encontrar coisas cada vez mais
> barulhentas, longas, rápidas, grandes e, sempre,
> mais sensacionais. O mantra do vício da adrenalina
> é "Muito não é o bastante".[19]

Em seguida, Turner analisa a influência da cultura
pop presente nas reuniões cristãs, o que nos interessa nesta
breve análise sobre como combater o secularismo na
adoração:

> As igrejas não estão livres da comercialização de
> experiências. É possível animar as pessoas
> utilizando a iluminação, o som e ondas de
> entusiasmo comunitário em vez de animá-las com a
> doutrina e a contemplação; fazê-las achar que a
> religião é interessante por causa de uma bela
> apresentação em lugar do desafio do discipulado;
> oferecer-lhes experiências de adoração em vez de
> oportunidades de adoração. A igreja deveria ser um

---

[19] TURNER, Steve. *Engolidos pela Cultura Pop*: arte, mídia e consumo, uma abordagem cristã. Viçosa, MG: Ultimato, 2014, p. 137.

lugar onde pessoas esgotadas pelas sensações pudessem descansar, em vez de serem confrontadas com emoções cada vez mais artificialmente induzidas.

O entusiasmo, diferente da alegria, tende a aparecer de repente e sumir da mesma forma, por isso demanda constante reposição. As coisas que Jesus promete são muito mais profundas e duram muito mais. Apesar do que as pessoas podem pensar, ele nunca promete aos seus seguidores felicidade ou empolgação, mas alegria e paz.[20]

Qual é a intenção e quais são as respostas que cristãos encontram ao buscar o termo adorar na internet? Talvez encontrem música, fotos de pessoas dentro da igreja ou apresentações. Mas adorar é submeter a vida inteira à obediência e ao serviço ao Senhor.

---

[20] IDEM, *Ibidem*, p. 143.

Capítulo 3

O VALOR DA PREGAÇÃO BÍBLICA

Assim como a ideia de adoração, o conceito de pregação também tem sofrido com a influência do secularismo religioso. O texto de 2ª Timóteo 4.1-5 nos auxilia a responder aos desafios postos à pregação do Evangelho em meio ao nosso tempo.

Esse texto está no último livro conhecido escrito pelo apóstolo Paulo antes de seu martírio. Essa é a última orientação dada por Paulo ao seu filho na fé Timóteo e, por conseguinte, a todos nós, a qual não poderia jamais ser ignorada, era preciso que ficasse como um marco para Timóteo e para todos os cristãos, de todas as eras. A expressão "exorto solenemente" é a tradução do termo *diamartyromai*, que significa dar testemunho de forma enfática ou completa, implicando a seriedade com a qual o apóstolo precisava tratar deste assunto. A seriedade do tema da pregação é afirmada por Paulo, ao declarar estar testificando diante de Deus e de Jesus Cristo como juiz. Ou seja, prestaremos contas a Deus sobre como tratamos a questão da pregação na dispensação da graça (2 Co 5.10).

A palavra pregar advém do termo grego *kerygma*, cujo significado é proclamar em alta voz. Paulo não recomenda ou sugere que o cristão pregue, aqui se trata de uma ordem (Mc 16.15). Pregar a Palavra constitui-se na missão de todo cristão fiel. O pregador fiel anuncia em alta voz a Palavra de Deus, não tendo vergonha do Evangelho de Jesus Cristo (Rm 1.16; Lc 9.26). O foco da pregação é anunciar a Jesus Cristo, sua pessoa – quem ele é – e sua obra – o que ele fez e faz por nós, para glória de Deus, pelo poder do Espírito Santo, para benefício dos homens – a mensagem da salvação.[21]

O pregador fiel não é um agente passivo ou reativo, aguardando o momento ideal para poder começar a se preparar para pregar. Em Eclesiastes 11.4, lemos: "Quem observa o vento nunca semeará, e o que olha para as nuvens nunca segará". Na missão de pregar o Evangelho não há espaço para preguiça (Pv 6.6; 30.25), não há tempo para procrastinação (Pv 6.9-11). A oportunidade para anunciar o Evangelho pode vir em um momento propício ou não. Assim, o pregador não fixa sua mente nas boas oportunidades, mas se mantém alerta e pronto para toda e qualquer oportunidade que surgir para pregar fielmente a Palavra de Deus.

Após tratar da necessidade e da urgência da pregação, Paulo explica qual deve ser o conteúdo e a forma da apresentação do sermão. Em relação ao conteúdo, não há pregação eficaz sem denúncia de pecado. Os três termos utilizados por Paulo implicam o processo que deve ocorrer em toda a pregação: denunciar o pecado de forma pública, isto é, nossas transgressões que nos separam de

---

[21] LOPES, Hernandes Dias. *2 Timóteo*: o testamento de Paulo à igreja. São Paulo: Hagnos, 2014, p. 107ss.

Deus (Rm 3.23), anunciar o juízo de Deus sobre o pecador, chamando-o ao arrependimento, ao declarar a obra salvífica de Jesus (1 Co 15.57).

Em relação à forma, Paulo nos ensina a fazer isso com paciência e na doutrina, não é com truculência, nem é baseado nas ideias ou na eloquência do pregador. Toda a pregação deve estar sustentada no amor de Deus pelos pecadores (Rm 5.8; Jo 3.16). Esse conteúdo deve ser o centro da pregação, seja qual for o texto bíblico de base utilizado, jamais deve estar baseado nas ideias do pregador ou nas suas capacidades, mas sempre precisa estar fundamentado na dependência do poder do Espírito Santo (1 Co 2.4).

Em seguida, Paulo expõe a razão pela qual o tema da pregação é tão urgente. Ao considerar o nosso tempo, é perceptível a aplicação dessa exortação. Defendo que um dos efeitos do secularismo religioso em nosso tempo é o surgimento e a multiplicação de pregadores indiferentes à doutrina, que ajuntam para si ouvintes e seguidores que resistem à verdade do Evangelho.

Gil Monteiro comenta sobre os erros dos pregadores secularistas da seguinte forma:

> Pregadores e ensinadores "humanistas" distorcem a mensagem bíblica, quando desprezam regras básicas de hermenêutica, forçando o texto bíblico a dizer o que não diz, e ensinar o que não ensina. Tudo para atender uma plateia ávida em ouvir

mensagens ajustadas ao seu modo de pensar e agir [Dt 28.12; Fp 4.13; Mt 6.33].[22]

Na pregação, caso o pregador não denuncie o pecado e anuncie o perdão de pecados em Jesus Cristo, para todos os que creem, não há pregação, podendo até ter ocorrido uma boa mensagem ou uma bela história, mas não pode ser classificada como pregação. A situação é ainda mais agravante quando além de não haver a mensagem da Cruz, o preletor ainda passa a maior parte de seu discurso a conduzir a mente e os olhos de seus ouvintes para esta terra com a ênfase somente em sonhos, projetos, realizações, prosperidade, etc.

Como membros da Igreja de Jesus, não estamos nem devemos estar alheios ao que ocorre em nossa sociedade. Estar sóbrio é estar atento e não entorpecido pelos atrativos deste mundo. Antes, devemos sempre analisar o que ocorre em nosso mundo com a mente de Cristo (1 Co 2.16). Além disso, não podemos abrir mão da nossa identidade enquanto embaixadores do Reino de Deus (II Co 5.20).

Estamos de passagem por este mundo, como peregrinos e forasteiros (1 Pe 2.11), mas não estamos perdidos aqui, nossa estada tem um propósito: viver e anunciar o Reino de Deus. A Igreja atua no mundo como representante do céu, sendo sal da terra (Mt 5.13),

---

[22] MONTEIRO, Gil. Desafios da Igreja na Pós-modernidade: manter a sã doutrina. In: ESCOLA BÍBLICA ANUAL DA ADEJA, 4, 2017, Nova Iguaçu/RJ. *Anais*.

interagindo e atuando na sociedade em prol de sua preservação, e luz do mundo (Mt 5.14), pregando a Palavra de Deus e iluminando as consciências com a luz divina para que possam ter a oportunidade de conhecer e vivenciar o Reino de Deus.

O cristianismo não pode ser entendido como uma religião utilitária, também não é uma religião esotérica, com seus segredos compartilhados apenas para os iniciados. O Evangelho de Jesus Cristo é o alicerce pelo qual o homem se mantém firme e não cai diante da angústia, desespero e caos. Aspectos que saltam aos nossos olhos quando conhecemos alguém mergulhado no secularismo e que está perdido em relação ao sentido de sua vida.

Capítulo 4

A VIDA CRISTÃ COTIDIANA

Em relação ao sentido da vida, no contexto da secularização, sugiro a leitura de Isaías 22.12-13 e 1ª Coríntios 15.32-33. A citação de Paulo, "comamos e bebamos, porque amanhã morreremos", faz alusão a dois contextos, um contexto bíblico e outro filosófico. Em relação ao contexto bíblico, Paulo cita diretamente a profecia de Isaías 22.12-13. Porém, ao nos atentarmos para a expressão comer e beber, percebemos que, nas Escrituras Sagradas, ela está presente em diversos momentos, como uma figura de linguagem, uma metonímia, cujo significado remete à ideia de vida cotidiana, aos elementos mais essenciais da vida do homem nesta terra.

Essa mesma ideia aparece em Eclesiastes 2.24 e 9.7, assim como em Mateus 6.25, com o alerta de Jesus para os seus discípulos não ficarem ansiosos em suas vidas, mas manterem o foco na busca do Reino de Deus e sua Justiça, pois é o Senhor quem cuida de nós. Nesse sentido, algumas linhas antes, na primeira carta aos Coríntios, Paulo diz que devemos focar toda a nossa vida em dar glória a Deus: "Portanto, quer comais, quer bebais ou façais outra qualquer coisa, fazei tudo para a glória de Deus" (1 Co 10.31).

O segundo contexto ao qual Paulo faz referência é um pensamento comum entre os filósofos epicuristas. Lembre-se de que Paulo além de conhecer o pensamento dos epicuristas também debateu com eles em Atenas (At 17.18). Segundo Epicuro (341-271 a.C.), o fundador dessa escola filosófica, iniciada em Atenas, Grécia, em 306 a.C., a busca da felicidade, da tranquilidade e da imperturbabilidade (*gr. ataraxia*), deveria ser o alvo de todos os homens.

A ética epicurista se sustentava na defesa de que os desejos e as necessidades naturais do homem deveriam ser satisfeitos de forma moderada, mas não poderiam ser ignorados. Assim, o prazer era valorizado como algo natural e a busca de sua realização era algo positivo.

Em relação aos desejos, Epicuro dividia-os em três grupos. Os desejos necessários: comer, beber, vestir-se e descansar. Os desejos supérfluos: comer bem, degustar bebidas especiais e vestir-se com elegância. Os desejos vãos: fama, riqueza, poder. Somente a satisfação do primeiro grupo era necessária e imprescindível ao homem. Os outros desejos só poderiam causar preocupação e sofrimento. Satisfeitas essas necessidades, o homem não precisaria mais se preocupar com a morte, pois os epicuristas não criam em uma vida após a morte. O fim do homem estava na morte, que era apenas uma decomposição de átomos.[23]

---

[23] HRYNIEWICZ, Severo. *Para Filosofar Hoje*. 4ª ed. Rio de Janeiro: Edição do Autor, 1999, p. 290. MARCONDES, Danilo. *Iniciação à*

Ao contrário desse pensamento, a Bíblia nos diz que o homem foi feito para o louvor da glória do nome do Senhor (Ef 1.12). Porém, o pecado separou a humanidade da glória de Deus (Rm 3.23). Por isso, o sacrifício de Jesus Cristo foi a solução para a dívida que tínhamos com Deus (Cl 2.14). Jesus Cristo é o único caminho que nos leva de volta para Deus (Jo 14.6). E, pela ressurreição de Jesus, nós temos garantida a vida eterna no Céu. Jesus voltará uma segunda vez para buscar a sua Igreja (1 Co 15.12-20, 52). Essa é a mensagem do Evangelho e o fundamento da nossa vitória: "Mas graças a Deus, que nos dá a vitória por nosso Senhor Jesus Cristo" (1 Co 15.57).

Viver uma vida para a glória de Deus, é submeter todo o nosso cotidiano e todas as nossas necessidades em buscar o seu Reino e a sua Justiça, cumprindo a vontade do Senhor. Na verdade, buscar o Reino de Deus é o que dá propósito à vida (Rm 14.17). Isso significa que nós devemos nos importar com o que Deus se importa e por isso que o Reino de Deus não é comida ou bebida, ou seja, não se resume aos aspectos circunstanciais e materialistas desta vida.

Observe o texto do profeta Isaías 22.12-13 citado por Paulo. Enquanto Deus, por intermédio de seus profetas, admoestava o seu povo e o exortava ao arrependimento, à humilhação e à consagração, em razão de seus pecados, o povo preferia viver o seu dia a dia de

História da Filosofia: dos pré-socráticos a Wittgenstein. Rio de Janeiro: Jorge Zahar Editor, 1997.

forma completamente indiferente à voz do Senhor, razão pela qual, inclusive, foram punidos com o cativeiro babilônico (Jr 7.13, 24-26).

Paulo cita o texto de Isaías em meio à sua exortação para que a igreja de Corinto não desanimasse diante daqueles que tentavam minar a esperança dos fiéis em relação ao retorno de Jesus Cristo e à ressurreição dos mortos. "Se esperamos em Cristo só nesta vida, somos os mais miseráveis de todos os homens" (1 Co 15.19). Ao escrever aos tessalonicenses, Paulo teve que enfrentar o mesmo problema: "Não quero, porém, irmãos, que sejais ignorantes acerca dos que já dormem, para que não vos entristeçais, como os demais, que não têm esperança" (1 Ts 4.13).

Portanto, há sentido na vida do cristão, um sentido pleno e abundante (Jo 10.10). E, por isso, todo o nosso pensamento, projetos, sonhos, atividades, comportamento, etc., precisam ter como foco a glória de Deus e estar sustentado na esperança cristã. Afinal, o cristão encontra descanso para a sua alma e se livra da ansiedade em Jesus Cristo (Mt 11.28-30; 1 Pe 5.7), não na indiferença ou imperturbabilidade epicurista, que estava fundamentada na ignorância sobre a vida após a morte. A firme esperança do cristão, isto é, vivermos a eternidade com o nosso Salvador e Senhor Jesus Cristo, é o fator que fez Paulo estar disposto a enfrentar todas as adversidades (2 Co 11.16-33).

No texto em análise (1 Co 15.32), Paulo faz referência, especificamente, ao enfrentamento de feras em Éfeso. O termo *theriomacheo* significa literalmente o que luta contra animais selvagens. Porém, é necessário observar que Paulo certamente está utilizando outra figura de linguagem para se referir às oposições enfrentadas contra homens cruéis, como explica Anthony Palma:

> A expressão "as bestas" é, portanto, uma metáfora para aqueles que procuraram tirar sua vida, provavelmente os amotinadores de Éfeso (At 19-23-29; cf. também 2 Co 1.8-10). Ou ainda, uma vez que estava escrevendo esta carta de Éfeso (1 Co 16.8), pode estar se referindo à oposição que estava encontrando naquela cidade. Este uso metafórico de feras selvagens é encontrado em várias passagens bíblicas (por exemplo SI 22.12,13; 2 Tm 4.17; Tt 1.12).[24]

Por isso, o cristão precisa sempre se manter vigilante em relação às conversas que estabelece com determinadas pessoas (1 Co 15.33). O salmista diz: "Bem-aventurado o varão que não anda segundo o conselho dos ímpios, nem se detém no caminho dos pecadores, nem se assenta na roda dos escarnecedores" (SI 1.1). Imagine, por um momento, que você é membro da Igreja de Corinto, uma cidade cosmopolita, com pessoas indo e vindo de

---

[24] ARRINGTON, French L.; STRONSTAD, Roger (ed.). *Comentário Bíblico Pentecostal*: Novo Testamento. 4ª ed. Rio de Janeiro: CPAD, 2006, p. 1054.

todas as partes do mundo. Corinto era uma cidade portuária, uma cidade rica, em razão da atividade comercial e uma cidade extremamente religiosa.

Diante dessa diversidade cultural, Paulo cita outro pensador grego, Menandro, ao dizer que as más *homilias* corrompem as boas maneiras. Esse termo está relacionado ao ato de comunicação. Aqui, o cristão precisa ter o cuidado de saber diferenciar o homem natural, o homem espiritual e o homem carnal (1 Co 2.14,15; 3.1-3). Aos homens naturais, precisamos pregar o Evangelho da verdade. A referência ao homem carnal, entretanto, está associada aos crentes carnais, que disseminam o mundanismo dentro da igreja (Gl 5.9; 2 Ts 3.14). As boas maneiras entre os crentes é corrompida pelo contato com esses homens carnais dentro da igreja, os quais precisam se arrepender de seus pecados e voltar a buscar a se despir do velho homem (Ef 4.22-24) e serem cheios do Espírito Santo (Ef 5.18).

Apesar de haver crentes que pouco se importam em congregar (Hb 10.25), há crentes que se preocupam mais em estar de corpo presente na igreja do que nutrir um relacionamento real com o seu Salvador e Senhor Jesus Cristo. Essas pessoas têm a aparência de religiosas, mas estão mortas espiritualmente, são pessoas que sucumbiram ao secularismo religioso.

Por isso, caro leitor, você precisa estar alerta ao levante dos secularistas neste tempo. O secularismo religioso incita as pessoas a viverem uma vida sem qualquer sentido, ou defendendo que qualquer sentido é válido, como se jamais fossem prestar contas a Deus (Ec 11.9-10; Mt 12.36). Esse é o pensamento filosófico da falta de significado, como expresso por Aldous Huxley:

> O filósofo que não encontra significado no mundo não está preocupado só com um problema de metafísica pura. Está preocupado também em provar que não há razão válida pela qual ele, pessoalmente, não deva agir como bem entende. [...] Para mim, bem como para a maioria dos meus contemporâneos, sem dúvida, a filosofia da ausência de significado foi basicamente um instrumento de libertação. A libertação que desejávamos era ao mesmo tempo a de um determinado sistema político e econômico, e de um determinado sistema de moralidade.[25]

A disseminação desse tipo de pensamento traz o desprezo ao que é valorizado por Deus. Falsos mestres, como Paulo alertou a Timóteo, são caracterizados por um tipo semelhante de pensamento, sendo indiferentes a necessidade do novo nascimento, mantêm-se no meio da igreja com seus pecados e com sua mente cauterizada (1 Tm 4.2), sem jamais sentirem qualquer constrangimento. Esses são o joio sobre o qual Jesus alertou (Mt 13.30). Não hesitam em trair os melhores amigos, ou passar por cima

---

[25] HUXLEY, Aldous. Ends and means apud CARSON, D. A. (org.). *A Verdade*: como comunicar o Evangelho a um mundo pós-moderno. São Paulo: Vida Nova, 2015, p. 156.

de tudo e de todos para satisfazerem os seus desejos, em prol de dinheiro, poder e fama. Essas pessoas ambicionam as coisas da terra ao invés de olharem para o Céu (Hb 12.2; 2 Co 4.18; Cl 3.2-3). São o símbolo da religiosidade secularizada e da indiferença em relação à Verdade cristã. Conforme explicado por Hernandes Dias Lopes:

> Todos os problemas relatados anteriormente não estão descrevendo apenas um mundo ímpio, mas pessoas religiosas. As pessoas frequentam a igreja, mas não mudam a vida. O mundo está arruinado porque a espiritualidade está divorciada da vida. Essas pessoas têm forma de piedade, mas nenhum poder. [...]
> Quando olhamos para alguns segmentos da igreja evangélica brasileira, constatamos o mesmo problema: crescem em número, mas não em compromisso. Têm carisma, mas não caráter. Mostram números, mas não vida. Há iniquidade associada ao ajuntamento solene. As pessoas entram para a igreja, mas não são transformadas pelo evangelho.[26]

Esse tipo de pessoa contribui para um dos principais efeitos do pensamento secularista na sociedade ocidental, isto é, a tentativa de destronar a religião cristã de sua posição de dar respostas para as questões mais profundas do sentido da vida. Note que no lugar da

---

[26] LOPES, Hernandes Dias. *2 Timóteo*: o testamento de Paulo à igreja. São Paulo: Hagnos, 2014, pp. 88-89.

religião, as pessoas tem buscado alicerçar suas vidas nas técnicas e nos discursos científicos, buscando respostas em lugares nos quais não é possível encontrar. Por exemplo, ao tratar da questão mais profunda da vida humana, a morte, a historiadora Claudia Rodrigues explica:

> Com o passar do tempo, este processo secularizador desdobrou-se numa significativa mudança na forma de o indivíduo encarar a morte, que se constituiu num tabu. Com o aumento da expectativa de vida e da segurança fornecida pelo avanço da medicina e do saber médico, juntamente com a laicização da sociedade, intensificaram-se as preocupações do indivíduo em relação à sua vida e ao viver, ao contrário da anterior atitude – ensinada pela Igreja – de que deviam se preocupar com a morte e o morrer. Com efeito, a própria ideia de morte foi rejeitada pela sociedade sendo, inclusive, temida. Só que, agora, não mais pelos motivos de dantes, quando o que se temia era o "passamento", o julgamento individual. O que se passou, doravante, a temer foi a perda da vida, sobretudo diante do aumento da expectativa de vida. [...]
> A projeção da figura do médico e da medicina não propiciou ao moribundo e aos seus próximos aquela segurança e o conforto que o sacerdote dava. Afinal, nada mais justifica e explica a morte, posto que o que se almeja não é mais a vida no além-túmulo – não se vivem mais para isto – mas aquela que está se esvaindo. [...] Apesar de este ser um momento de sofrimento e angústia, o fiel sabia que

> não estava só e se consolava com a imagem de um Deus misericordioso e justo. [...] O moribundo passou a solitariamente viver suas passagem no leito de um hospital, tendo basicamente por companhia os equipamentos que, incansavelmente e, às vezes, artificialmente, mantêm seu espírito vital, mas não proporcionam conforto espiritual.[27]

Para o teólogo católico Clódovis Boff, o pensamento secularista falha em dar uma direção para as questões da sociedade atual. Nesse sentido, Clódovis Boff reconhece que uma das principais razões pelas quais o pentecostalismo clássico continua a crescer é o fato de exaltarmos o encontro direto com Deus. Ou seja, ao invés de perdermo-nos com olhares fixos nas circunstâncias temporais, fixamos os olhos no Autor e Consumador de nossa fé, Jesus Cristo, que, por seu sacrifício na Cruz, garante para cada um dos que se rendem a Ele como Salvador e Senhor, a sua presença nesta terra e, no futuro, no Céu de glória, para toda a eternidade (2 Co 4.16-18; Hb 12.2; Jo 14.1-2).[28]

---

[27] RODRIGUES, Claudia. *Nas Fronteiras do Além*: a secularização da morte no Rio de Janeiro (séculos XVIII e XIX). Rio de Janeiro: Arquivo Nacional, 2005, p. 365.

[28] Cf. BOFF, Clódovis Maria. *A Crise da Igreja Católica e a Teologia da Libertação*. Campinas: CEDET, 2023, p. 58.

Capítulo 5

NUTRINDO UMA VISÃO DE MUNDO BÍBLICA

Diante desse estado de coisas, é necessário termos entendimento sobre o que é ter a mente de Cristo (1 Co 2.16). Ter a mente de Cristo, além de implicar olhar para este mundo como Cristo olhou e proteger a nossa mente com a mensagem da salvação (Ef 6.17), também é saber que o Espírito Santo que estava sobre Jesus Cristo (Lc 4.18-19), agora habita em cada um de nós (1 Co 6.19).

Entender isso é de suma importância para sabermos como agir diante do mundo, pois mais do que uma crença racional, é pela experiência de vida cristã cheia do Espírito Santo que conseguimos compreender bem todas as coisas: "Mas o que é espiritual discerne bem tudo, e ele de ninguém é discernido" (1 Co 2.15).

De certa forma, esse entendimento bíblico sobre a realidade que nos cerca pode ser conceituado pela expressão "visão de mundo cristã". Para Charles Colson e Nancy Pearcey, a constituição de uma visão de mundo cristã parte das respostas que são dadas para as questões existenciais relacionadas a origem das coisas, a causalidade do mal e à busca pela felicidade. O cristão deve buscar as respostas para essas questões e a aplicação prática de suas soluções nas Escrituras Sagradas e, a partir das respostas encontradas, deve submeter a sua mente e direcionar a sua ação de acordo com a visão de mundo bíblica e cristã. [29]

Antes de prosseguirmos, porém, é importante assinalar uma definição mais geral sobre a expressão visão de mundo. Para isso, podemos recorrer a definição dada por Thomas Sowell:

> Uma visão foi descrita como um "ato cognitivo pré-analítico". É o que percebemos ou sentimos antes de construirmos qualquer raciocínio sistemático que poderia ser chamado de teoria, e muito menos antes de deduzirmos quaisquer consequências específicas como hipóteses que devem ser testadas mediante provas. Uma visão é nossa percepção de como o mundo funciona.[30]

Dessa forma, é a partir de uma determinada visão de mundo, um elemento bastante interiorizado no indivíduo, associado mais às suas crenças e sentimentos do que à sua razão e lógica, que alguém define por quais pressupostos teóricos observará e analisará a realidade.

Thomas Sowell defende que, em meio a tantas visões de mundo concorrentes, essas cosmovisões podem ser antagonizadas entre restritas e irrestritas. No primeiro

---

[29] COLSON, Charles; PEARCEY, Nancy. *O Cristão na Cultura de Hoje*: desenvolvendo uma visão de mundo autenticamente cristã. Rio de Janeiro: CPAD, 2006, p. 7.
[30] SOWELL, Thomas. *Conflito de Visões*: origens ideológicas das lutas políticas. São Paulo: É Realizações, 2012, p. 18.

conjunto, estão aquelas que concebem o homem como um ser limitado, de tal forma que a mudança das estruturas sociais não fará com que a sociedade se torne melhor. No segundo conjunto, estão aquelas que veem o homem como um ser naturalmente bom e com potencial ilimitado. Assim, o problema do mal não estaria no homem em si, mas nas instituições sociais que obrigam o homem a ser ou a fazer isso ou aquilo. A solução para a felicidade humana, portanto, seria dar total liberdade a esse homem, demolindo e transformando as instituições sociais: a família, o Estado, a Igreja, etc. A diferença entre essas concepções é tão grave que não há simplesmente concorrência entre elas, mas conflito de visões.[31]

Ao seguir esse raciocínio, o cristão, que tem a sua mente formada pelo conhecimento da Palavra de Deus, ao ter convicção do pecado, da natureza humana, da necessidade da Graça de Deus, não duvida da incapacidade humana para o bem (Rm 3.10-12).

É na Bíblia que encontramos a resposta sobre a origem do mal na humanidade. Gênesis 3 nos apresenta a tragédia da humanidade advinda da desobediência de Adão e Eva às ordens de Deus. Logo, a origem de todos os males está na queda do homem, no Jardim do Éden, na rebelião do homem contra Deus. O pecado é a razão de tudo o que há de errado neste mundo, tanto no nível espiritual, quanto social, físico ou ambiental (Lm 3.39; Tg 4.1; Gn 3.17). Isso caminha no sentido contrário ao que, por

---

[31] IDEM, *Ibidem*, p. 48.

exemplo, o iluminista Jean Jacques-Rousseau disse, na obra *O Contrato Social*: "O homem nasce bom, a sociedade o corrompe".

E a solução para todos esses males está na redenção encontrada unicamente no Senhor Jesus Cristo. A verdadeira felicidade e alegria é fruto do Espírito Santo (Gl 5.22). A bem-aventurança só pode ser encontrada em Jesus Cristo (Mt 5.1-12). Inclusive a felicidade de toda a criação está na consumação da história da salvação (Rm 8.22-23). Essas são as verdades bíblicas e o cristão precisa guiar a sua vida, a sua mente e o seu coração, por esse caminho. E essa atitude faz parte do nosso testemunho cristão.

Contudo, é necessário fazer um alerta a um tipo de raciocínio presente nos movimentos de cosmovisão cristã da atualidade. Não podemos reduzir o cristianismo a um elemento cultural dentro da sociedade. Há um grave perigo aqui, pois corremos o risco de, no intuito de tornar o cristianismo relevante para a sociedade, cairmos no erro do secularismo religioso, substituindo o testemunho cristão e a dependência do poder do Espírito Santo pelas armas carnais (2 Co 10.4).

Segundo César Moisés, o movimento da cosmovisão cristã, da forma como é difundido hoje, principalmente nas redes sociais, é próprio da proposta neocalvinista. Essa ideia estaria ligada ao pensamento de Abraham Kuyper, primeiro-ministro holandês entre 1901 e 1905, que defendia o calvinismo como um grande sistema de vida. Em suas palavras: "Apesar de autodenominar-se como 'cosmovisão cristã', trata-se de um nome alternativo para a doutrina calvinista repaginada pelo teólogo Abraham Kuyper".[32]

Ao examinar os escritos de Abraham Kuyper, é perceptível esse tipo de defesa. Para ele, o calvinismo era um sistema de vida ou de concepção de mundo, dando sentido à vida, para o enfrentamento do modernismo. Em sua obra *Calvinismo*, Kuyper afirma:

> Se o combate deve ser travado com honra e com esperança de vitória, então, *princípio* deve ser ordenado contra *princípio*; a seguir, deve ser sentido que no Modernismo, a imensa energia de um sistema de vida todo abrangente nos ataca; depois também, deve ser entendido que temos de assumir nossa posição em um sistema de vida de poder, igualmente compreensivo e extenso. E este poderoso sistema de vida não deve ser inventado nem formulado por nós mesmos, mas deve ser tomado e aplicado como se apresenta na História. Quando assim fiz, encontrei e confessei, e ainda sustento que esta manifestação do princípio cristão nos é dado no *Calvinismo*. No Calvinismo meu coração tem encontrado descanso. Do Calvinismo, tenho tirado firme e resolutamente a inspiração

---

[32] MOISÉS, César. Missão Integral, Cosmovisão Cristã e Desigrejados – três movimentos que estão reconfigurando os protestantismos. In: LISBOA, João; SANTOS, Lyndon; AMARAL, Clínio (org.). *Os Protestantismos à Prova do Tempo:* Uma Introdução de Sua História no Brasil. Edição Kindle. Rio de Janeiro: Editora Itacaiúnas, 2022, p. 148.

para assumir minha posição no auge deste grande conflito de princípios.[33]

Para Nancy Pearcey, o calvinismo e a filosofia do realismo do senso comum escocês, com sua ideia do método experimental para aquisição do conhecimento, que, por sua vez, depende, necessariamente, dos sentidos e da razão, ainda são tradições filosóficas fundamentais para a intelectualidade protestante. Ao mencionar como isso é reconhecido até mesmo fora do meio protestante diz: "muitos estudiosos evangélicos que alcançaram reconhecimento acadêmico na educação em voga têm ligações com o neocalvinismo".[34] Será que o reconhecimento acadêmico só é possível para jovens evangélicos calvinistas? Eu testemunho que isso não é verdade.

Nancy Pearcey, entretanto, relutantemente, reconhece que a sustentação da teologia na filosofia do senso comum conduziu muitos pensadores ao racionalismo que, por sua vez, é uma das características do secularismo. Provavelmente, o teólogo que melhor expressou esse tipo de racionalismo protestante foi Charles Hodge, no século XIX. Esse teólogo de Princeton, defendia a ideia de conceber a Teologia como um campo

---

[33] KUYPER, Abraham. *Calvinismo*. São Paulo: Cultura Cristã, 2002.
[34] PEARCEY, Nancy. *Verdade Absoluta*: libertando o Cristianismo de seu cativeiro cultural. Rio de Janeiro: CPAD, 2006, p. 359.

da ciência.[35] Em sua Teologia Sistemática, Charles Hodge afirma: "A Bíblia é para o teólogo o que a natureza é para o cientista. Ela é seu depósito de fatos; e o seu método de averiguar o que a Bíblia ensina é o mesmo que o filósofo natural adota para averiguar o que a natureza ensina".[36]

Isso precisa ser assinalado: um depósito de fatos a ser analisado da mesma forma que o naturalista analisa a natureza. Essa é uma das maiores expressões do racionalismo do qual Pearcey se refere. Porém, Nancy Pearcey insistiu na defesa da filosofia do senso comum como vital para a teologia reformada atual, que deveria também ser desenvolvida a partir dos pressupostos do neocalvinismo. Em suas palavras:

> O realismo do bom senso era a tradição reformada *escocesa*. Promovia uma forma evidencialista de apologética, enfatizando as verdades conhecíveis por crentes e incrédulos, que atuam como bases de prova para avaliar cosmovisões rivais. Outra vertente posterior é a tradição reformada *holandesa*. Consistia no neocalvinismo de Abraham Kuyper e Herman Dooyeweerd. Promovia uma forma

---

[35] LADEIA, Donizeti Rodrigues. *A Matriz Filosófica do Presbiterianismo no Brasil.* 2014. Tese (doutorado em Ciências da Religião) UMESP, São Bernardo do Campo/SP, p. 125, 185. MENDONÇA, Antônio Gouvêa; VELASQUES FILHO, Prócoro. *Introdução ao Protestantismo no Brasil.* 2ª Ed. São Paulo: Edições Loyola, 2002, pp. 112-114.
[36] HODGE, Charles. *Teologia Sistemática.* São Paulo: Hagnos, 2001, pp. 7-8.

pressuposicionalista de apologética, enfatizando o impacto formativo das cosmovisões em si e a necessidade de avalia-las como inteiros unificados; começava com primeiros princípios e traçava de forma cuidadosa suas conclusões lógicas.[37]

Aqui estão os fundamentos do método da evangelização indireta. Nessa estratégia evangelística, a educação e a difusão da cultura cristã, conforme ensinado pelo próprio Charles Hodge, no século XIX, deveria formar a base sobre a qual o trabalho do evangelista teria sucesso. A partir desses pressupostos, a tarefa do evangelista seria provocar o descrente a reconhecer a incoerência entre as suas crenças e a sua experiência com a realidade. Diante da incoerência, o cristianismo poderia ser apresentado como a "única cosmovisão que dá uma explicação consistente e lógica" para a realidade das coisas.

Pearcey prossegue seu raciocínio ao destacar o "estado de dissonância cognitiva" que é gerado no não cristão pelo conflito entre sua visão de mundo e a realidade. A crise do indivíduo, nesse raciocínio, que gera o arrependimento para a conversão se daria no nível intelectual: "No evangelismo, nossa meta é destacar essa dissonância cognitiva – identificar os pontos em que a cosmovisão dos não-crentes entra em contradição com a realidade". Para concluir, a autora assinala que essa

---

[37] PEARCEY, Nancy. *Verdade Absoluta*: libertando o Cristianismo de seu cativeiro cultural. Rio de Janeiro: CPAD, 2006, p. 349.

abordagem, seguida por outros teólogos reformados, "foi rotulada de epistemologia reformada".[38] Ou seja, nessa perspectiva, todo o processo do conhecimento, de todas as coisas, deveria necessariamente estar fundamentado na filosofia calvinista.

É necessário que o cristão discipline todo o seu ser - mente e coração, razão e emoção, intelecto e vontade – à verdade bíblica. Precisamos sim ver o mundo da forma como Deus o concebeu. A Palavra de Deus afirma que nós temos a mente de Cristo (1 Co 2.16). Assim, nós devemos preencher nossos pensamentos e imaginação com aquilo que realmente nos aproxima mais e mais de Deus (Fp 4.8).

O cristão precisa desenvolver a sua visão de mundo conforme as Escrituras. Precisamos analisar todos os fenômenos sociais (família, trabalho, educação, vida urbana ou rural, etc.), todos os fenômenos científicos e estéticos (arte, música, arquitetura, etc.), conforme a mente de Cristo. Precisamos ser testemunhas de Cristo e glorificar a Deus em todas essas áreas.

O problema, porém, está na pressuposição de que o mundo sem Deus precisa ser educado na visão de mundo cristã, neste caso, calvinista, para que a evangelização tenha algum resultado. Ou, pior, para que a sociedade possa alcançar o progresso civilizacional. A confusão entre projeto civilizacional e missões esteve presente na

---

[38] IDEM, *Ibidem*, p. 349-351, 356, 358.

mentalidade da maior parte dos missionários protestantes do século XIX.

Um exemplo histórico que podemos assinalar a esse respeito foi o caso da organização e fundação do *Mackenzie College*, hoje Universidade Presbiteriana Mackenzie. No processo de consolidação das ideias nacionais sobre os rumos do presbiterianismo brasileiro, havia uma disputa, dentre outras, entre ideias de evangelização direta e evangelização indireta.

Pastores brasileiros liderados por Eduardo Carlos Pereira, pastor da então Igreja Presbiteriana de São Paulo, hoje Igreja Presbiteriana Independente de São Paulo, defendiam a necessidade dos recursos da igreja serem investidos na evangelização direta, na formação teológica dos obreiros em instituições ligadas diretamente às igrejas e dirigidas por líderes nacionais e na formação educacional dos filhos da igreja em escolas paroquiais, anexas às igrejas locais.

Porém, o conflito se agravou com a nomeação de Horace Lane como diretor acadêmico da então Escola Americana, em 1886, no intuito de consolidar um modelo de educação protestante americana no Brasil. Essa escola se tornará posteriormente o *Mackenzie College*.

Horace Lane possuía o perfil do protestante racionalista tipificado por Max Weber. Sua fé protestante estava vinculada muito mais à sua ética do que a um compromisso real com as doutrinas evangélicas. Segundo

Boanerges Ribeiro, Horace Lane era um unitarista, isto é, não cria na doutrina da trindade, nem na doutrina da expiação de Cristo e nem na doutrina da mediação de Cristo, além de ser maçom.

Porém, como empresário e pedagogo, era irrefreável em seus objetivos de formar uma elite brasileira com a cultura americana que, para as Missões Americanas, era fundamental para o êxito da evangelização protestante no Brasil. Assim, apesar de não ter sido ordenado pastor e só ter sido batizado no Brasil, pelo missionário presbiteriano pioneiro Alexander Latimer Blackford, em 1885, logo após sua nomeação para a diretoria da Escola Americana de São Paulo, foi credenciado e passou a receber salário como missionário pela *Brazil Mission*, da Igreja Presbiteriana dos Estados Unidos, em 1887. A partir deste momento, conforme explicado por Boanerges Ribeiro:

> Horace Lane vai lentamente, assumir a liderança do trabalho educacional da Missão e a liderança da própria Missão. [...] sua personalidade se voltará inflexivelmente para a introdução, na sociedade brasileira, da filosofia educacional, métodos, organização e escopo da escola norte-americana – em todos os níveis, do Jardim de Infância à Universidade.[39]

[39] RIBEIRO, Boanerges. *A Igreja Presbiteriana no Brasil, da Autonomia ao Cisma*. São Paulo: Livraria o Semeador, 1987, p. 53.

Os problemas agravaram-se quando Horace Lane foi suspenso da comunhão da Igreja Presbiteriana de São Paulo em razão de indisciplina eclesiástica, em 1893. Para compreender a gravidade da situação, note que o pastor da Igreja de São Paulo era Eduardo Carlos Pereira, que defendia o investimento missionário na evangelização direta e na formação de escolas paroquiais, tendo como prioridade a formação dos filhos dos crentes, já Horace Lane, além de ser missionário assalariado pela Junta de Missões Estrangeiras da Igreja Presbiteriana dos Estados Unidos, era o líder do projeto educacional protestante dessa junta, desde 1889.

Em resposta à disciplina imposta pela Igreja de São Paulo, Horace Lane filia-se a uma Igreja dos Estados Unidos. Nesse ínterim, um filantropo americano John Mackenzie, de Nova York, ao ter conhecimento dos planos educativos para o Brasil da Junta de Missões, decide doar, em 1891, a quantia de 50 mil dólares para a construção do prédio do educandário protestante de São Paulo, que, em homenagem a essa generosidade, receberia o seu nome. A pedra fundamental do prédio do *Mackenzie College* é posta em 1894.

Na cerimônia de lançamento da pedra fundamental, compareceram Cezário Motta Junior, ministro do interior; Prudente de Moraes Barros, senador; Guimarães Junior, vice-presidente do Senado estadual; Luiz Piza, presidente da Câmara dos Deputados de São Paulo; Pedro Vicente de Azevedo, prefeito da cidade de

São Paulo. Pelos discursos, percebe-se a expectativa da instituição ser uma difusora do "o espírito cultural do povo americano", para que os alunos pudessem "exercer dignamente os direitos de cidadão livre"[40] no Brasil.

As disputas continuaram por mais alguns anos, mas foge ao propósito deste capítulo prosseguir com a análise dessa história.[41] O objetivo foi exemplificar historicamente os problemas relacionados à ideia de que a evangelização só poderia ter resultados com a formação de uma cultura cristã, ou a difusão da visão de mundo cristã a partir dos pressupostos de determinado pensamento teológico e ético do calvinismo.

Caro leitor, recomendo uma posição de equilíbrio neste ponto. Quando a nossa mente e o nosso coração estão submetidos à Palavra de Deus e ela passa a

[40] COLLOCAÇÃO da pedra angular do Mackenzie College. *O Estandarte*, São Paulo, v. 2, n. 36, p. 2, 8 set. 1894. Sobre o próprio John Mackenzie havia uma impressão entre aqueles que era associado a Eduardo Carlos Pereira, posteriormente publicada no jornal *O Estandarte*, de que o filantropo era um homem muito conhecido por sua preocupação com a civilização e o bem da humanidade, mas indiferente às doutrinas e à prática cristã. UMA EXPLICAÇÃO. O Estandarte, São Paulo, v. 10, n. 9, p. 2, 27 fev. 1902.

[41] A análise completa desse caso e de todo o problema da confusão entre projeto civilizacional a partir da perspectiva do progresso e missões pode ser encontrada na tese de doutorado que defendi na UFRRJ em 2020. MEDEIROS, Pedro H. C. de. *Por Cristo e Pela Pátria Brasileira*: Abolicionismo, Laicidade e Conservadorismo na Imprensa Protestante Oitocentista (1880-1904). 2020. Tese (doutorado em História). UFRRJ, Seropédica/RJ.

preencher todo o nosso ser, é claro que não apenas de forma apologética, mas em todas as situações sempre nos posicionaremos de forma bíblica. Além disso, com o auxílio do Espírito Santo, você pode ser um instrumento na compreensão dos problemas enfrentados pelas pessoas nos dias de hoje, ter o direcionamento bíblico do qual necessitam e sempre indicar o caminho da redenção em Cristo Jesus.

Ao seguirmos as considerações de Mark Mittelberg, argumentos intelectualizados e evidências científicas não convertem ninguém. Porém, uma vez que você, cristão, esteja na dependência do Senhor e revestido com o poder do Espírito Santo, que é quem convence o homem do pecado e o regenera, para evangelizar o pecador, pode contar com argumentos para responder aos questionamentos do evangelizando: "bons argumentos, lógica e evidências são usados pelo Espírito de Deus para limpar o caminho dos impedimentos intelectuais". Afinal, "a apologética é a criada do evangelismo".[42]

Some-se a isso o fato de que em uma sociedade pós-moderna, as evidências científicas e os argumentos lógicos podem não ter os resultados idênticos aos observados em uma sociedade racionalista como era a do século XIX e início do XX. Josh McDowell, neste sentido, defende que o evangelista ou o apologeta não deve insistir em sustentar

---

[42] GEISLER, Norman; MEISTER, Chad (org.). *Razões para Crer*: apresentando argumentos a favor da fé cristã. Rio de Janeiro: CPAD, 2013, p. 14.

argumentos que só falem à mente. Os sentimentos e o relacionamento são essenciais nos dias atuais. "Convicções profundas são construídas não apenas sobre no que a mente crê, mas também são formadas em torno do que o coração tem experimentado".[43]

De forma cirúrgica, Josh McDowell defende que a abordagem evangelística sobre os jovens – podendo aplicar esses princípios para outras faixas etárias também – precisa manter um equilíbrio entre uma postura racionalista típica da modernidade, que apela diretamente para o intelecto, e o paradigma relativista e experiencial da pós-modernidade. Em suas palavras: "não só o evangelho é *verdadeiro*, mas também é *significativo* para a nossa vida. Toda verdade bíblica contém um traço comum: um relacionamento íntimo e real com Deus".[44] Uma apologética que não considere isso pode se tornar apenas um instrumento dogmático, político e racionalista, resultando, por fim e novamente, no avanço do secularismo religioso.

Ao prosseguir em sua explicação, em concordância com outros estudiosos, como o sociólogo Peter Berger e o teólogo católico Clódovis Boff, César Moisés demonstra que, diante dos desafios do século XXI, com o avanço da tecnologia e das descobertas científicas, o pentecostalismo tem demonstrado possuir uma "capacidade de preservação doutrinária em ambientes distintos",

---

[43] IDEM, *Ibidem*, p. 32.
[44] IDEM, *Ibidem*, p. 33.

mantendo-se um "movimento dirigido pelo Espírito Santo que tem como missão anunciar o Evangelho", e, por isso, a fé pentecostal continua a ser a maior força dessecularizadora da sociedade, "em um mundo novo que valoriza a espiritualidade". Assim, ao contrário do que propõe o movimento da cosmovisão cristã de raiz neocalvinista, fundamentalmente racionalista, o pentecostalismo continua a crescer pela proposta de evangelização direta enfatizando o encontro e a experiência direta do homem com o Espírito Santo. Para César Moisés,

> Isso se dá pelo fato de que não precisamos criar, ou forçar o mundo, a ver as coisas da nossa forma para que a nossa mensagem faça sentido às pessoas numa possível situação pós-moderna. O desafio é manter a consciência instruída pelo Espírito Santo em meio à adversidade. [...] Por isso, não se preocupa em que o mundo esteja da *nossa* forma para continuarmos crendo na atuação divina em nossas vidas. O pentecostalismo, para crer no que crê, não depende de as pessoas terem uma determinada "visão de mundo cristã", pois cada crente que tem sua experiência do Espírito acredita na atuação de Deus em sua vida

independentemente do que pensa as pessoas ou mesmo determinada teologia.[45]

É preciso enfatizar isso: o movimento pentecostal tem sido a principal força cristã para frear o avanço do secularismo. Isso não tem a ver com uma denominação ou com uma organização específica, mas com princípios, ou, neste caso, com uma visão de mundo específica: Deus não apenas falou e agiu sobrenaturalmente no mundo antigo, Deus fala e intervém de forma sobrenatural no mundo de hoje também (Hb 13.8). Essa verdade não nega que Ele também age por meios naturais, pela ordem que Ele mesmo estabeleceu para este mundo. Mas a ênfase na experiência direta do homem com Deus e da realidade e expectativa do milagre, depõe contra uma vida racionalista, de indiferença e desprezo ao mundo sobrenatural.

Isso não é observado apenas no campo teológico. No campo da sociologia, Peter Berger também afirmou:

> O componente mais numeroso dentro da explosão evangélica é o pentecostal, que combina ortodoxia bíblica e uma moralidade rigorosa com uma forma extática de culto e uma ênfase na cura espiritual. Especialmente na América Latina, a conversão ao

---

[45] CARVALHO, César Moisés. *Pentecostalismo e Pós-modernidade*: quando a experiência sobrepõe-se à Teologia. Rio de Janeiro: CPAD, 2017, p. 295, 299-300.

protestantismo provoca uma transformação cultural.[46]

Portanto, diante do avanço da secularização e do pensamento secularista, precisamos manter a centralidade do Evangelho tanto em nossa prática litúrgica cristã quanto em nossa vida cotidiana. Porém, ao enfatizarmos essa centralidade do Evangelho não podemos ser indiferentes à ação poderosa do Espírito Santo em nossas vidas e buscar o revestimento do alto para sermos testemunhas do Evangelho do Senhor Jesus Cristo (At 1.8). Somente assim será possível nutrir uma visão de mundo bíblica que gerará vida em nós e naqueles com os quais nos comunicamos (2 Co 3.6). É minha e sua responsabilidade combatermos o avanço do secularismo e lutarmos pela verdade.

---

[46] BERGER, Peter. A Dessecularização do Mundo: uma visão global. *Religião e Sociedade*, Rio de Janeiro, v. 21, n. 1, pp. 10, 15, 2000. Disponível em: <http://www.uel.br/laboratorios/religiosidade/pages/arquivos/dessecularizacaoLERR.pdf>. Acesso em: 16 jun. 2024.

VIVENDO A VERDADE NA ERA DA PÓS-VERDADE

"Disse-lhe Jesus: Eu sou o caminho, e a verdade, e a vida. Ninguém vem ao Pai senão por mim." (Jo 14.6).

Capítulo 6

SOFISMAS DA ATUALIDADE

Há alguns dias, vi um *reels* do Instagram no qual um certo pregador dizia da forma mais doce possível que a razão do assassinato de Abel (Gn 4.5) havia sido uma disputa entre irmãos para ver quem prestava o melhor culto a Deus. Em seguida, o pregador disse que Deus não estava interessado em formas de culto e concluiu alertando sobre o mal que causamos a Deus quando há disputas entre irmãos na igreja para saber quem presta o melhor culto. Afinal, o importante é o amor.

Ora, apesar de Deus abominar a contenda entre irmãos (Pv 6.19) a Bíblia não autoriza dizer que o problema entre Caim e Abel tenha sido um caso de rixa familiar. Deus atentou para a oferta (culto) de Abel e não para a oferta de Caim (Gn 4.4-5). Sim, era uma questão de culto. O que temos aqui? Um caso cada vez mais comum em nosso tempo, uma meia-verdade, para propagar uma mentira.

Mas mentiras sempre existiram, o que há de novo? O fator emocional a fisgar as pessoas e fazê-las se engajarem com esse tipo de conteúdo, amortecendo seu senso crítico bíblico - "não sei... mas tem alguma coisa errada com esse conteúdo" – e fazendo-as se identificarem com o ponto central do argumento – "temos que combater as rixas entre irmãos".

Some-se a isso o fato de vivermos um tempo em que a verdade tem sido tão desprezada que até as máquinas estão prontas a conduzir os homens ao engano. No ano de 2023, houve um frenesi em torno de uma nova inteligência artificial (I.A.) chamada de Chat GPT, uma programação virtual que prometia solucionar qualquer tipo de problema, pergunta, dúvida ou tarefa escrita ou pictórica. Professores e profissionais da escrita temem pelos avanços dessa IA. Para agravar a situação, em 24 de março de 2023, o mundo recebeu a notícia de que os engenheiros da informação da empresa responsável pelo Chat GPT ficaram assombrados com um fato aparentemente não previsto, para solucionar um problema de preenchimento de formulário na internet, a IA aprendeu a mentir.

Esta é a era da pós-verdade. Neste texto, meu objetivo, em primeiro lugar, é apresentar as definições bíblicas de verdade e mentira. Em seguida, vamos discutir o significado da pós-verdade e os perigos presentes em nosso tempo. Na sequência, há um alerta sobre o perigo da vulnerabilidade emocional, o fator que pode nos fazer estar sujeitos às armadilhas da pós-verdade. Por fim, concluiremos com uma discussão sobre o ensino bíblico e apologético para nos manter alertas, afinal, as meias-verdades e as mentiras só se propagam e fisgam aqueles que estão distraídos.

Capítulo 7

O QUE É A VERDADE?

O que é a verdade? Para o homem separado de Deus, essa tem sido a questão mais incômoda ao longo das eras. Vamos considerar, inicialmente, o contexto intelectual no qual Pilatos estava inserido ao fazer essa pergunta para Jesus (Jo 18.38). Retornemos ao período da Grécia antiga e examinemos algumas ideias que os filósofos gregos tinham sobre a verdade.

Para o filósofo Parmênides de Eleia (c. 530-445 a.C.), a verdade era um elemento imóvel e imutável, aquilo que permanecia em meio às mudanças, o elemento sem o qual não era possível compreender essas mudanças. Com sua famosa premissa: "aquilo que é não pode não ser", Parmênides estabeleceu o princípio da não-contradição e da lei da identidade como características fundamentais da verdade.

As grandes discussões filosóficas em torno do conceito de verdade ocorreram em meio às disputas políticas na Grécia, destacando-se os sofistas, que eram os professores de política, mestres da eloquência, da oratória e da retórica. Entre os sofistas havia, por exemplo, Protágoras de Abdera (c. 490-421 a.C.) que afirmava: "O homem é a medida de todas as coisas, das que são como são e das que não são como não são". Dessa forma, a verdade objetiva não existia, só havia a verdade subjetiva, da opinião e da retórica. A verdade era relativa e circunstancial, todo discurso tinha como foco apenas a persuasão do ouvinte.

Sem dúvida, era a partir desse contexto intelectual que Pilatos formulou a pergunta para Jesus. Jesus veio dar testemunho da Verdade e todos os que são da Verdade ouvem a sua voz, mas essa Verdade estava distante daquela discutida pelos filósofos. Para compreendermos o sentido de verdade bíblica, precisamos retornar ao Antigo Testamento.

O principal termo hebraico para verdade é *emeth*, cujo sentido traz a ideia de certeza e confiança. A partir dessa raiz temos o termo *'emunah*, cujo significado é fidelidade e é o oposto de falsidade ou de mentira, como em Jeremias 5.1: "Dai voltas às ruas de Jerusalém, e vede agora, e informai-vos, e buscai pelas suas praças, a ver se achais alguém ou se há um homem que pratique a justiça ou busque a verdade; e eu lhe perdoarei." Dessa forma, buscar a verdade é ser fiel a Deus e permanecer firme nos mandamentos do Senhor, condição sem a qual não é possível praticar a justiça.

Outra palavra que advém de *'emeth* é *'amen*, isto é, assim seja, verdadeiramente ou de fato. No Dicionário de Strong é dito que "a principal ideia por trás dessa palavra é a constância e a confiabilidade".[47] Em Isaías 65.16, afirma-se:

> De sorte que aquele que se bendisser na terra será bendito no Deus da verdade [amen]; e aquele que jurar na terra jurará pelo Deus da verdade [amen]; porque já estão esquecidas as angústias passadas e estão encobertas diante dos meus olhos.

E em Apocalipse 3.14, declara-se: "E ao anjo da igreja que está em Laodiceia escreve: Isto diz o Amém, a testemunha fiel e verdadeira, o princípio da criação de Deus."

Some-se a isso o fato da verdade também ser um atributo comunicável de Deus, no qual os seus filhos precisam estar firmados. Esse atributo está associado diretamente ao atributo incomunicável de Deus da imutabilidade (Hb 13.8; Tg 1.17). Conforme nos ensina Esequias Soares:

> Ele é imutável; nEle não há mudança nem sombra de variação; o Senhor não muda a sua natureza, tampouco o seu caráter e os seus atributos; nem em consciência nem em propósito. [...] Essa é a garantia de que Deus jamais mudará de opinião no que diz

[47] STRONG, James. Dicionário Hebraico do Antigo Testamento de James Strong anotado pela AMG. In: BENTHO, Esdras Costa (ed.). Bíblia de Estudo Palavras-Chave Hebraico e Grego. 4ª ed. Rio de Janeiro: CPAD, 2015, p. 1529.

respeito às suas promessas. Mas ser imutável não significa imobilidade.[48]

Porém, Deus está pronto a perdoar o pecador arrependido. A sua imutabilidade está longe de trazer uma ideia de mesmice. Por isso, é necessário compreender textos que, aparentemente, são contraditórios em relação à imutabilidade de Deus. Em Números 23.19, diz: "Deus não é homem, para que minta; nem filho de homem, para que se arrependa; porventura, diria ele e não o faria? Ou falaria e não o confirmaria?". Em Jonas 3.10, todavia, diz: "E Deus viu as obras deles, como se converteram do seu mau caminho; e Deus se arrependeu do mal que tinha dito lhes faria e não o fez". Esse antropomorfismo do arrependimento de Deus não quer dizer que Deus muda os seus propósitos, o chamado à mudança sempre parte de Deus, mas quem muda de rota é o homem, pela graça do Senhor e pelo poder do Espírito Santo (Dt 11.26; 30.19; Rm 12.2).

Logo, percebe-se que desde o Antigo Testamento, apesar da ideia de verdade estar relacionada ao conceito de estabilidade, isso não implicava um estado de imobilismo abstrato como proposto por filósofos como Parmênides. A estabilidade está relacionada ao governo soberano de Deus sobre todo o universo (Hb 1.3; Jo 1.1; Jó

---

[48] SOARES, Esequias. Teologia – A Doutrina de Deus. In: GILBERTO, Antônio (ed.). *Teologia Sistemática Pentecostal*. Rio de Janeiro: CPAD, 2008, p. 68.

38). Não há verdade fora da presença de Deus e não se pratica a verdade sem obediência a Deus e à sua Palavra.

Além disso, Deus não está sujeito a aprender a verdade, como propõe o falso ensino do Teísmo Aberto, porque Ele é a verdade e tudo o que faz ou diz é verdade. Sobre o falso ensino do Teísmo Aberto, Silas Daniel diz:

> Segundo o Teísmo Aberto, como Deus desconhece o futuro, Ele aprende com as realidades à medida que elas vão acontecendo. O Deus da Teologia Relacional é vulnerável, comete erros, aprende com eles e muda de posição. Deus muda seus planos constantemente. Por isso, os adeptos desse pensamento ensinam que é errado afirmar que quando a Bíblia fala que Deus "arrependeu-se" está usando um antropomorfismo. Para eles, Deus arrependeu-se mesmo. Ele mudou de ideia. Deus é mutável. Ele é totalmente passível de influências do ser humano.[49]

No Novo Testamento, o principal substantivo traduzido por verdade é *aletheia*, que indica aquilo que não está oculto, ou aquilo que é possível de se conhecer, que é conforme a realidade das coisas, ao contrário da mentira e da falsidade. No Dicionário de Strong, o termo *aletheia* está explicado da seguinte forma:

---

[49] DANIEL, Silas. *A Sedução das Novas Teologias*. Rio de Janeiro: CPAD, 2007, p. 165.

Em o Novo Testamento, de maneira especial, a verdade divina, ou a fé e a prática da verdadeira religião, é chamada de "verdade", ou por ser verdadeira por si mesmo e derivada do Deus verdadeiro, ou como declaração da existência e da vontade do Deus único e verdadeiro, em oposição à adoração de falsos ídolos. Por isso, a palavra *aletheia* veio a significar verdade divina, a verdade evangélica, em oposição às fábulas pagãs e judaicas.[50]

Destaque-se também que o substantivo *aletheia* advém do adjetivo *alethes*, que além de ser traduzido como verdadeiro, implica a ideia de "verdade amorosa". Portanto, a verdade está vinculada diretamente com o amor, que também é um atributo comunicável de Deus (1 Jo 4.6-8). Acrescento a isso a consideração feita no *Dicionário Bíblico Wycliffe*:

A verdade religiosa e moral é o que Deus é, e está de acordo com o seu caráter. A verdade científica e social é o que Deus deseja e está, também, em consistência com seu caráter. Deus é a verdade em sua própria pessoa (Dt 32.4; Sl 31.5; Is 65.16), e este fato é particularmente revelado em Jesus Cristo (Jo

---

[50] STRONG, James. Dicionário Grego do Novo Testamento de James Strong anotado pela AMG. In: BENTHO, Esdras Costa (ed.). *Bíblia de Estudo Palavras-Chave Hebraico e Grego*. 4ª ed. Rio de Janeiro: CPAD, 2015, p. 2049.

1.14,17; 14.6). Sua Palavra revelada é a verdade (1 Es 17.24; Jo 17.17); sua lei moral é a verdade (Sl 119.142,151).[51]

Portanto, a verdade de Deus também é proposicional, tudo o que Ele revelou para nós é a verdade e precisa ser praticada (Dt 29.29). Toda a Bíblia é a verdade de Deus e revela a verdade de Deus para nós (Sl 119.86). Além disso, aprendemos em Salmos 100.5 que a verdade de Deus é eterna. Todas as obras de Deus são verdade (Sl 33.4).

Ainda assim, enquanto estivermos nesta terra, como diz o apóstolo Paulo, conhecemos a verdade apenas em parte, naquilo que é suficiente para nos conduzir a Deus (Dt 29.29), até chegar o dia de conhece-la plenamente (I Co 13.12). Como explica Russel Champlin, "A busca pela verdade depende da revelação". E essa verdade é revelada ao mundo por meio da vida daqueles que são transformados pela Verdade (2 Co 3.2-3): "A verdade é comprovada nas vidas daqueles que são transformados segundo a imagem de Cristo".[52]

[51] PFEIFFER, Charles; VOS, Howard; REA, John. *Dicionário Bíblico Wycliffe*. 2ª ed. Rio de Janeiro: CPAD, 2007, p. 1990.
[52] CHAMPLIN, Russel. *Enciclopédia da Bíblia, Teologia e Filosofia*: vol. 6, S-Z. São Paulo: Hagnos, 2013, p. 593.

Capítulo 8

O QUE É A MENTIRA?

Todo o mentiroso não apenas engana, mas vive no engano e é enganado o tempo todo, seu destino, caso não se arrependa é a segunda morte. Quão terrível é viver na mentira. Neste momento, vamos analisar o conceito de mentira segundo as Escrituras.

Dentre os termos que transmitem a ideia de mentira no Antigo Testamento, podemos destacar a palavra *kazab* (Jz 16.10; Sl 40.4), que é traduzido pela ideia de mentira, falsidade e engano. No Novo Testamento, temos a palavra *pseudos* (Jo 8.44; Rm 1.25), que implica a ideia de falsidade consciente e intencional, com propósito traiçoeiro, como tudo aquilo que não é o que professa ser. Por conseguinte, esse termo também envolve a ideia de idolatria. Some-se a isso o fato de a Bíblia revelar de forma explícita que a mentira e o mentiroso tem um pai, Satanás (Jo 8.44).

Segundo Russel Champlin:

> *Mentir* é fazer declarações propositalmente falsas, meias verdades que envolvem falsas impressões. Um exagero proposital é um tipo de mentira, como também o é uma declaração parcial proposital. Até mesmo as verdades proferidas com o intuito de enganar, naquilo em que visam iludir, não passam

de mentiras. Entretanto, as histórias de ficção, escritas ou filmadas, embora não correspondam à realidade, não são mentiras, visto que não se propõem a narrar fatos, mas tão-somente simbolizam fatos e ideias.[53]

O propósito de Deus não é que seus filhos fiquem estagnados, nem sejam enganados (Ef 4.11-16). Deus deseja que prossigamos em conhecê-lo (Os 6.3) e cresçamos em graça e conhecimento (2 Pe 3.18). Esse conhecimento é aprofundado a medida que nos tornamos cada vez mais íntimos da fonte de toda a verdade, que é o próprio Senhor.

Esse aprofundamento na verdade é necessário para não sermos enganados por ventos de doutrina. Qual a característica daquele que é arrastado por ventos de doutrina? E qual a característica daqueles que proferem a mentira? Paulo, inspirado pelo Espírito Santo, esclarece-nos no trecho do versículo 14, do capítulo 4 de Efésios.

Meninos inconstantes. O termo *nepios*, traduzido por meninos (ARC), indica uma criança pelo fato de ser iletrada, imatura e não esclarecida. Ou seja, Paulo utiliza o termo como uma metáfora para indicar que o principal alvo dos falsos mestres são os cristãos imaturos, que ainda não cresceram no conhecimento da verdade e, em razão disso, são também como pequenas embarcações à deriva, sem constância, em meio às tempestades da mentira.

---

[53] CHAMPLIN, Russel. *Enciclopédia da Bíblia, Teologia e Filosofia*: vol. 4, M-O. São Paulo: Hagnos, 2013, p. 228.

Wesley Adams e Donald Stamps explicam: "São carregados por qualquer novo vendaval de ensino que possa parecer estar soprando como maior intensidade naquele momento".[54]

Engano dos homens que, com astúcia, enganam fraudulosamente. Observe como Paulo constrói esse texto. O termo *kubeia*, traduzido por engano (ARC), remete ao jogo de dados e, por extensão, aos jogos de azar, cuja principal característica é a fraude e a manipulação por quem tem o domínio do jogo. Esse homem que tem domínio do jogo age com *panurgia*, isto é, com astúcia, essa pessoa é habilidosa na arte do engano, na arte do truque. O falso mestre é experiente em manipular e iludir e o faz com *método*, palavra transliterada de origem grega que indica o modo fraudulento de seu agir, no intuito de alcançarem o principal objetivo, isto é, levar essa pessoa ao erro, deixando-a sem direção e sem sentido na vida.

Para que você e eu não sejamos presas desses mentirosos, só há uma solução: "seguir a verdade em amor", crescendo em Cristo, que é a própria verdade, em comunhão com nossos irmãos (I Co 12.12-27). Não tem como permanecer na verdade longe de Jesus e não tem como viver a verdade em amor isolado da Igreja de Jesus. Além disso, a maturidade cristã, a ser desenvolvida com foco em Jesus e em comunhão com nossos irmãos, não é

---

[54] ADAMS, J. Wesley; STAMPS, Donald. Efésios. In: ARRINGTON, French; STRONTAD, Roger (ed.). *Comentário Bíblico Pentecostal Novo Testamento.* 4ª ed. Rio de Janeiro: CPAD, 2006, p. 1244.

uma opção para o crente, é o caminho necessário para não sermos iludidos pelo primeiro encantador que surgir na nossa frente, fisicamente, ou nas nossas redes sociais, virtualmente.

Importa ainda destacar outro texto que trata de tema semelhante. Refiro-me ao texto de 2ª Pedro 2.3: "e, por avareza, farão de vós negócio com palavras fingidas; sobre os quais já de largo tempo não será tardia a sentença, e a sua perdição não dormita." A ideia é que os falsos mestres, que vivem e propagam a mentira, agem por *pleonexia*, termo traduzido por avareza (ARC), isto é, o objetivo é conseguir sempre mais, são movidos pela cobiça, por ganhar vantagem, para isso, agem pela fraude.

As pessoas que são alvo desses mentirosos também são os incautos, que não cresceram no conhecimento da verdade. Mas, em Efésios, essas pessoas, crentes e membros das igrejas, são comparadas a embarcações à deriva. Aqui, esses incautos são comparados a produtos à venda nos mercados. E como essas pessoas se tornam presas dos falsos mestres? Pelo uso metódico e intencional de palavras que se acomodam ao que esses crentes imaturos desejam ouvir. Isso pode ser concluído a partir do entendimento do termo utilizado no texto grego: *plastos*, traduzido por fingidas (ARC), que indica algo fabricado a partir de um molde como argila ou cera.

Quantos não caem no erro da mentira por terem sido enganados por discursos cuja retórica atingia seu ego, suas emoções, seus traumas, etc.? Esse é exatamente o contexto no qual estamos inseridos no século XXI.

Não subestime a mentira e o mentiroso. Como vimos, os apóstolos Paulo e Pedro nos esclarecem que o mentiroso age com astúcia, com estratégia, com método, como um jogador experiente. Os mentirosos conhecem os pontos fracos de suas vítimas e potencializaram suas artimanhas com a expansão da internet e das redes sociais. Estamos na era da pós-verdade.

Capítulo 9

O SIGNFICADO DA PÓS-VERDADE

O conceito de pós-verdade é recentíssimo e surgiu como um "guarda-chuva" para cobrir as várias práticas de manipulação de informações que se tornaram muito comuns na atualidade, especialmente no campo da política. Assim como os sofistas da antiga Grécia, esses manipuladores não se conformam com a verdade, para eles, a verdade é circunstancial e manipulável. Fatos podem ser inventados com o intuito de derrubar o argumento de um adversário, desprestigiar uma pessoa, humilhar outra, etc. Para isso, tem-se utilizado aos montes o recurso das *fake news* (falsas notícias) e a deturpação de informações.

A conceito de pós-verdade foi firmado em 2016, quando o Dicionário Oxford a escolheu como a palavra internacional do ano, tendo como definição: "circunstâncias nas quais fatos objetivos são menos influentes na formação da opinião pública do que apelos à emoção e à crença pessoal".[55] Esse conceito serve para explicitar a ideia de que a mentira não apenas passou a dominar as discussões públicas, mas as pessoas de hoje

---

[55] WORD of the Year 2016. *Oxford Languages*. Disponível em: <https://languages.oup.com/word-of-the-year/2016/>. Acesso em 17 abr. 2024.

têm se tornado cada vez mais indiferentes para com a verdade.

É necessário assinalar que a pós-verdade está inserida na conjuntura cultural da pós-modernidade e a relativização completa da verdade. Nesta conjuntura, a verdade tem sido substituída, por exemplo, pelo pragmatismo. Para o pragmatista:

> nosso raciocínio científico, tanto quanto nosso raciocínio moral, é uma questão de elaborar uma visão de como queremos nos ver. Não existe um conjunto de regras para o discurso racional ao qual a ciência esteja atrelada e que seja firmemente fundamentado, além de nossa situação histórica. Dados os valores e as preocupações de nossa comunidade, escolhemos a imagem que nos parece melhor.[56]

Além do pragmatismo e do relativismo, isto é, a ideia de que toda crença é tão boa quanto as demais, ainda há as teorias a proporem a ausência absoluta de uma verdade universal. Para Michel Foucault, por exemplo, toda a realidade é discurso e, portanto, "verdade não é algo a ser descoberto, mas, sim, a ser forjado".[57] Para Jean Paul Sartre, não existe a verdade em essência, pois o

---

[56] CARSON, D. A. (ed.). *A Verdade*: como comunicar o Evangelho a um mundo pós-moderno. São Paulo: Vida Nova, 2015, p. 83.
[57] IDEM, *Ibidem*, p. 91.

homem é "um ser no qual a existência precede a essência".[58]

Esse relativismo da verdade próprio de pensamentos pós-modernos está diametralmente em oposição à teoria clássica, presente no pensamento cristão desde Tomás de Aquino, da verdade como correspondência. Como explicado por J. P. Moreland:

> Em uma forma mais simples, a teoria da verdade como correspondência é a visão que propõe que uma declaração – tecnicamente, uma proposição – é verdadeira apenas no caso de corresponder à realidade, isto é, uma proposição é verdadeira quando o que ela afirma ser é.[59]

Apesar de o conceito de pós-verdade ter surgido para dar conta de um fenômeno que iniciou no campo político. A igreja também tem sofrido com idênticas artimanhas. Precisamos estar alertas. O grande problema a ser enfrentado por cada um de nós é a infiltração das *fake news* e das manipulações da verdade em nosso meio, principalmente com o bombardeio de informações que

---

[58] SARTRE, Jean-Paul. Existencialismo é um humanismo. Disponível em:
<http://www.educadores.diaadia.pr.gov.br/arquivos/File/2010/sugest ao_leitura/filosofia/texto_pdf/existencialismo.pdf>. Acesso em: 17 abr. 2024.

[59] MORELAND, J. P. O Pós-modernismo e a Verdade. GEISLER, Norman; MEISTER, Chad (ed.). *Razões para Crer:* apresentando argumentos a favor da fé cristã. Rio de Janeiro: CPAD, 2013, p. 116.

recebemos todos os dias. Se o crente propaga mentiras, meias verdades ou ensinos que nem sabe se são verdadeiros, além de demonstrar ser imaturo, também evidenciará que os instrumentos da era da pós-verdade o está influenciando (Rm 12.2).

Por que a mentira se propaga? Lucia Santaella afirma que "informações que confirmam as nossas crenças falam mais alto do que 'rejeitar aquelas que as contradizem'".[60] Assim, a mentira é propagada porque muitas vezes ela é mais cômoda, mais fácil e mais confortável diante das nossas emoções e de nossos preconceitos. Inclusive, em pesquisa publicada na revista *Science*,[61] no ano de 2018, foi constatado que as notícias falsas tem 70% a mais de probabilidade de serem compartilhadas em comparação com as notícias verdadeiras.

Não podemos nos conformar a esse estado de coisas (Rm 12.2). Crescer pode ser algo doloroso, mas é o que nos manterá no caminho da verdade. Aprender é crescer e esse aprendizado sobre a pós-verdade tem como objetivo nos auxiliar a evitar os dois sentimentos antagônicos que nos

---

[60] SANTAELLA, Lucia. *A Pós-Verdade é Verdadeira ou Falsa?* Edição Kindle. Barueri, SP: Estação das Letras e Cores, 2018.

[61] VOSOUGHI, Soroush; ROY, Deb; ARAL, Sinan. The spread of true and false news online. *Science*, n. 6380, v. 359, pp. 1146-1151. Disponível em: <https://www.science.org/doi/10.1126/science.aap9559>. Acesso em: 17 abr. 2024.

fazem propagar a mentira: o pavor catastrófico e o otimismo ingênuo.

De acordo com organizações de saúde, o número de pessoas com crise de ansiedade e depressão aumentou em 25% durante a crise sanitária de 2020.[62] Qual a razão disso? O excesso e a manipulação de informações e as *fake news*, gerando o pavor.[63] Por sua vez, o otimismo ingênuo desarma a pessoa diante do perigo e o faz cair em erro. Essa, por exemplo, é a principal razão do crescimento do número de golpes pela internet.[64]

Lucia Santaella explica da seguinte forma:

> Esse é o poder de engajamento de que o sensacionalismo está alimentado, ou seja, o poder advém da exploração de sensibilidades ingênuas e

---

[62] BRASIL vive uma segunda pandemia, agora na Saúde Mental. *COFEN*, 13 out. 2022. Disponível em: <https://www.cofen.gov.br/brasil-enfrenta-uma-segunda-pandemia-agora-na-saude-mental/>. Acesso em: 17 abr. 2024.

[63] CONSUMO de fake news pode trazer danos à saúde mental. *Fundação de Saúde Pública de Novo Hamburgo*, 31 jul. 2020. Disponível em: <http://www.fsnh.net.br/modules/noticias/article.php?storyid=631>. Aceso em: 17 abr. 2024.

[64] ANTUNES, Jonatas Soares. A epidemia de golpes na internet e como se proteger ou amenizar o prejuízo. *Jusbrasil*, 2023. Disponível em: <https://www.jusbrasil.com.br/noticias/a-epidemia-de-golpes-na-internet-e-como-se-proteger-ou-amenizar-o-prejuizo/1668438492>. Aceso em: 17 abr. 2024.

intempestivas. O sensacional atrai o clique que atrai mais compartilhamentos. Quanto mais tráfego houver, tanto maior será a difusão do engano cujo modo de propagação é regido, sobretudo, pelo apelo emocional não filtrado pela razoabilidade do bom senso.[65]

Quais são os principais instrumentos para a propagação da mentira na era da pós-verdade? Santaella lista alguns tipos de mentiras, piadas ou meias-verdades que podem enganar quem não estiver alerta:

a) Sátira ou paródia que, embora não tenha intenção de causar mal, tem potencial para enganar;
b) Conteúdo enganoso utilizado contra um assunto ou pessoa;
c) Falso contexto quando o conteúdo genuíno é inserido em um contexto falso;
d) Conteúdo impostor quando é colocado na boca de fontes pessoais ou coletivas informações que não são suas;
e) Conteúdo manipulado em que uma informação verdadeira é manipulada para enganar o público;
f) Conteúdo fabricado inteiramente falso construído com o intuito de desinformar e causar dano.

---

[65] SANTAELLA, Lucia. *A Pós-Verdade é Verdadeira ou Falsa?* Edição Kindle. Barueri, SP: Estação das Letras e Cores, 2018.

E quais deveriam ser o seu procedimento diante de uma informação qualquer? Ainda em conformidade com Santaella, citamos:

a) Olhar com atenção e atentar para a confiabilidade das fontes;
b) Ir além das chamadas e reconhecer sinais de sensacionalismo;
c) Procurar por outras fontes;
d) Verificar os fatos, sua data de publicação;
e) Conferir se o conteúdo afeta seus preconceitos;
f) Reconhecer quando se trata de brincadeira e conferir se vem de uma fonte piadista.

Capítulo 10

COMO VENCER A VULNERABILIDADE EMOCIONAL

Até aqui vimos como a era da pós-verdade está fundamentada em um exacerbado sentimentalismo. Na verdade, vivemos em um tempo no qual as pessoas tem lidado muito mal com suas emoções. A ênfase em uma vida na qual não se tem qualquer fundamento ou centro de verdade tem como resultado o caos e a destruição das identidades, da personalidade e da pessoa em si. O homem cada vez mais afastado de Deus não consegue compreender seu próprio valor.

Segundo Rejane Souza: "o senso de valor interno e dos pensamentos que temos a nosso respeito são grandes fatores para o desenvolvimento da autoestima, bem como a resiliência e a assertividade". Em seguida, ao abordar a característica da pessoa assertiva, Rejane Souza diz:

> outro fator importante no desenvolvimento da autoestima é a assertividade. Ela é muito mais do que dizer sim ou não. Implica reconhecer e nomear os sentimentos e expressá-los. Envolve também tomar decisões, atuar sem agredir os outros, ser

responsável pela própria conduta e saber lidar com as consequências.[66]

Por contraste, isso revela outro problema da era da pós-verdade que nós precisamos estar atentos. Refiro-me ao fenômeno dos odiadores (*haters*). Pessoas ressentidas, sem caráter transformado por Cristo, que perderam ou ignoram o senso crítico ao atacarem outras pessoas de forma gratuita, seja no mundo virtual, palco principal desse fenômeno, ou no mundo real.

Essa nossa fragilidade emocional também se torna um alvo fácil para sermos fisgados pelos gatilhos mentais. Robert Cialdini explica a principal razão pela qual nossos gatilhos mentais são ativados, fazendo com que acreditemos e compartilhemos informações, sejam elas falsas ou verdadeiras:

> Você e eu existimos em um ambiente extraordinariamente complicado. Para lidar com isso, precisamos de atalhos que o simplifiquem. Não se pode esperar que reconheçamos e analisemos todos os aspectos de cada pessoa, acontecimento e situação que encontramos nem mesmo num único dia. Não temos o tempo, a energia nem a capacidade para isso. Em vez disso, precisamos usar nossos estereótipos, nossas regras

---

[66] SILVA, Rejane Souza. *A Mulher e sua Saúde Emocional*: a busca do equilíbrio entre o espírito, a alma e o corpo. Rio de Janeiro: CPAD, 2019, pp. 47, 49.

do bom comportamento, para classificar coisas de acordo com algumas características-chave e então reagir sem pensar quando uma ou outra característica-gatilho está presente.[67]

Some-se a isso o fato de vivermos em um tempo no qual há abundância de informação, mas muito pouca busca por conhecimento, que exige análise, paciência e disposição para ser construído. Ainda segundo Cialdini:

> Ao contrário dos animais, cujos poderes cognitivos sempre foram relativamente deficientes, nós criamos nossa própria deficiência construindo um mundo radicalmente mais complexo. A consequência da nossa deficiência é a mesma antiga dos animais: ao tomar uma decisão, cada vez menos nos engajaremos em uma análise completa da situação total. Em resposta a essa 'paralisia da análise', voltamos cada vez mais a nos concentrar em uma única característica confiável da situação.[68]

Isso se torna ainda mais grave pelo fato de que, na conjuntura da pós-modernidade, a cultura pop fez com que os homens buscassem no entretenimento o seu sentido de vida.

---

[67] CIALDINI, Robert B. *As Armas da Persuasão 2.0*. Edição revista e ampliada. Rio de Janeiro: HarperCollins Brasil, 2021, p. 23-24.
[68] IDEM, *Ibidem*, p. 452.

> A busca do conhecimento, sem saber quem somos ou por que existimos, combinada com uma guerra promovida pela indústria do entretenimento em nossa imaginação, deixa-nos a mercê do poder completamente destituído da moralidade. [...] A vida precisa de uma história para que os detalhes sejam compreendidos. Ela precisa manter-se coesa no centro se a ideia é que alcancemos horizontes distantes. Mas nossa cultura não tem uma história nem se mantém no centro.[69]

Percebe o perigo dos dias atuais da substituição progressiva da ênfase no ensino bíblico/doutrinário pelo entretenimento. A centralidade de nossas vidas e de nossas liturgias sempre deve ser a exposição da Palavra de Deus, todo o restante (música, apresentações, cânticos), apesar de também ser importante, deve estar fundamentado na Palavra. Não podemos nos conformar com o mundo (Rm 12.1-2).

O que as Escrituras Sagradas nos ensinam sobre a proteção da mente? Em mais de um texto é dito que o cristão precisa usar o capacete da salvação ou da esperança da salvação (Ef 6.17; 1 Ts 5.8). O capacete serve para proteger a cabeça do soldado. A verdade da salvação é o que protege a mente do cristão.

As religiões do mundo falam sobre a melhoria ética do homem, muitas estão em busca da harmonia do

---

[69] CARSON, D. A. (ed.). *A Verdade*: como comunicar o Evangelho a um mundo pós-moderno. São Paulo: Vida Nova, 2015, p. 26.

homem com a natureza, com o universo, com seu semelhante ou consigo mesmo. Há religiões que propagam uma ideia de conquista do paraíso, mas de forma legalista ou pela prática de boas obras nesta terra. Outros negam a importância ou o valor das religiões, negando não apenas a existência de Deus, mas até a possibilidade de chegarmos a algum conhecimento verdadeiro.

Somente o cristianismo ensina a necessidade da salvação, a realidade do pecado e o único caminho pela graça de nosso Senhor e Salvador Jesus Cristo: "Disse-lhe Jesus: Eu sou o caminho, e a verdade, e a vida. Ninguém vem ao Pai senão por mim." (Jo 14.6).

Portanto, você precisa estar firme na sua identidade em Deus. Consagre sua vida a Deus, de tal forma que Cristo habite em seu coração e você esteja cheio da plenitude do Senhor (Ef 3.17-19), desenvolva o hábito de uma vida de oração e de meditação na Palavra. Pois somente assim, você será alguém frutífero, equilibrado e firme na era digital. Além disso, caso você sofra algum ataque, você terá sabedoria do alto para agir com prudência: "Porque as armas da nossa milícia não são carnais, e sim poderosas em Deus, para destruir fortalezas, anulando nós sofismas" (2 Co 10.4 – ARA). A depender do caso, você poderá ignorar, simplesmente bloquear o perfil, que, às vezes, pode ser até um perfil falso, responder, se for algo que edifique os outros que forem ler e glorifique o nome de Cristo, e, por fim, a pessoa poderá até sofrer um processo.

Capítulo 11

A NECESSIDADE DA VIGILÂNCIA

A Bíblia é a verdade e é atual. A solução para a era da pós-verdade deve ser buscada nas Escrituras. Em todo momento precisamos estar vigilantes. Estamos tão inchados de informações, bombardeados por propagandas desde os outdoors até os smartphones, sem esquecer os anúncios na TV e na rádio, que muitos não conseguem mais parar para respirar e voltar a focar no Senhor Jesus (Hb 12.2). O termo técnico utilizado para retratar esse estado de coisas é "obesidade mental", pessoas tem sofrido sintomas psicossomáticos em razão da quantidade de informações consumidas no dia a dia. Isso tudo nos entorpece, nos deixa adormecidos ou distraídos.

Mas a resposta bíblica não mudou. Precisamos nos encher do Espírito Santo, precisamos nos manter na caminhada cristã, no caminho da renúncia ao nosso ego. Por quê? Porque quem é espiritual discerne bem tudo. Isso significa que temos a capacitação dada pelo Espírito Santo para examinarmos todas as coisas e retermos apenas o bem (1 Ts 5.21). Além disso, Jesus disse para que nós nos mantivéssemos em vigilância e oração. Para completar, o apóstolo Pedro, inspirado pelo Espírito Santo, exorta-nos a mantermo-nos sóbrios e alertas (1 Pe 5.8). O termo aqui é uma conjugação do verbo *nepho*, que significa estar livre de substâncias entorpecentes, referindo-se aos efeitos do pecado, pois somente assim é possível ter equilíbrio racional e emocional para julgar bem todas as coisas.

Tony Reinke explica que os "espetáculos" da pós-verdade querem atrair os nossos olhos a todo momento, para todo tipo de distração: "os espetáculos fazem exigências a nós – eles querem nossa autoimagem, nosso tempo, nossa indignação, nossa atenção, nosso coração, nossa carteira, e, é claro, nossos votos". Um espetáculo é tudo aquilo que atrai e fixa o nosso olhar.

Assim, estamos diante de vários perigos, todos advindos do amortecimento de nosso senso crítico e bíblico e a distração diante do maior espetáculo da história, como diz Tony Reinke:

> A morte de Jesus Cristo não foi só mais um espetáculo de crucificação; foi o ápice de todos os espetáculos de crucificação. [...] A cruz de Cristo foi o maior espetáculo da História cósmica por causa de suas irônicas subversões. [...] Mas, pendurado num madeiro, Cristo se fez maldição por nós. [...] Este Rei crucificado permanece em si mesmo o mais grandioso Espetáculo. Dali em diante, Deus tencionou que todos os olhares humanos estivessem centrados nesse momento climático. [...] Pela fé, esse Espetáculo definitivo é agora a vida que

eu vivo. [...] Nossa reação ao espetáculo definitivo de Cristo é o que nos define.[70]

A primeira atitude, portanto, que precisamos tomar para não sermos fisgados pelas artimanhas da pós-verdade é focar em Jesus, mantendo nossos olhos fixos no alto (Cl 3.2) e preenchendo nosso pensamento com aquilo que é o bem:

> *Quanto ao mais, irmãos, tudo o que é verdadeiro, tudo o que é honesto, tudo o que é justo, tudo o que é puro, tudo o que é amável, tudo o que é de boa fama, se há alguma virtude, e se há algum louvor, nisso pensai (Fp 4.8).*

Portanto, pare um pouco para respirar e contemplar a glória de Deus manifestada na criação (Sl 19.1; Sl 121.1-2). Em seguida, nós estaremos prontos a resgatar nossos irmãos que, por acaso, estejam entorpecidos pelos instrumentos da era da pós-verdade. Como fazer isso? Por meio da pregação contínua do Evangelho (2 Tm 4.2), por meio do aconselhamento (Cl 3.16), por meio do suporte espiritual, intelectual e emocional (Cl 3.13; Ef 4.2), por meio do ensino e do exemplo (1 Co 11.1; 1 Tm 4.11-13).

A pregação do Evangelho (Rm 16.25; 1 Co 2.4) a toda criatura é a nossa maior arma contra a disseminação das mentiras da contemporaneidade. Anunciar o Evangelho, centralizado na Cruz, com a unção do Espírito

---

[70] REINKE, Tony. *A Guerra dos Espetáculos*: o cristão na era da mídia. São José dos Campos, SP: Editora Fiel, 2020, pp. 95-98.

Santo, é o instrumento mais eficaz para derrotarmos as mentiras que nos cercam. Como diz Hernandes Dias Lopes,

> A aplicação leva, portanto, a Palavra do Deus vivo para a vida do seu povo. [...] Sem ela, o sermão fracassa, porque a verdade bíblica só faz sentido quando se relaciona com a vida. [...] a aplicação deve ser feita mediante uma interpretação fiel do texto e fundamentada em uma profunda exegese ou compreensão das pessoas. [...] Nada pode ser mais prejudicial para a aplicação do que permanecer isolado do mundo daqueles a quem ministramos. O pregador precisa conhecer a Bíblia e as pessoas.[71]

O pregador precisa conhecer seus ouvintes e o mundo em que vivem, assim como conhecer a mensagem do Evangelho e o mundo bíblico. Pregadores, somos uma ponte entre essas duas dimensões, há uma oportunidade, uma porta aberta, nesse momento, as pessoas

> anseiam por um ponto de relevância em um mundo em que muitos têm fome de pertencer e de experimentar o amor. O pós-modernismo tem sido classificado por alguns como "uma estrutura de sentimento", e essa caracterização fornece à igreja

---

[71] LOPES, Hernandes Dias. *Pregação Expositiva*: sua importância para o crescimento da igreja. São Paulo: Hagnos, 2010, pp. 159-160.

tanto um dilema quanto uma solução. O próprio Deus fala em termos carregados de emoção.

A necessidade sentida não pode ser ignorada, mas é importante que, tendo encontrado um campo comum, alcancemos um patamar mais elevado da verdade, não só o da emoção. Com esse intuito, há uma narrativa por trás do amor. O amor não vem desacompanhado de uma história por trás de si ou à sua frente. A história é um ponto de contato fascinante, mas é uma história fundamentada na verdade. [...] Compreendida adequadamente, a perspectiva do juízo constitui parte importante do processo de nos resgatar da própria autodestruição.[72]

Por fim, precisamos viver a apologética no nosso dia a dia. Como nos exorta Charles Colson e Nancy Pearcey: "Se nossa cultura deve ser transformada, isso acontecerá de baixo para cima – de crentes comuns praticando apologética na cerca do quintal ou em volta da churrasqueira".[73] Por isso, não saia compartilhando informações e notícias das quais você não tem certeza de estarem fundamentadas na verdade. Não propague mentiras. Fuja das fofocas. Examine o seu coração, para ver se não há adrenalina sendo gerada para o foco errado,

---

[72] CARSON, D. A. (ed.). *A Verdade:* como comunicar o Evangelho a um mundo pós-moderno. São Paulo: Vida Nova, 2015, p. 44.

[73] COLSON, Charles; PEARCEY, Nancy. *E Agora como Viveremos?* Rio de Janeiro: CPAD, 2000, p. 53.

isto é, coisas das quais você não tem como resolver. Evite polêmicas, principalmente nas redes sociais.

O cristão não pode estar desatento ao que ocorre ao seu redor. Mentiras tem sido propagadas por todos os meios possíveis, principalmente pela internet. A todo momento, recebemos, em grupos de Whatsapp da igreja, por exemplo, *fake news* das mais fresquinhas às requentadas. Meias-verdades teológicas, interpretações enviesadas das Escrituras, mentiras descaradas são propagadas a todo momento, compartilhadas por nossos irmãos em suas falas, em pregações e em suas redes sociais. E tudo isso tem se propagado por uma razão, qual seja: falam forte aos nossos sentimentos e preconceitos.

Em razão disso, é preciso estarmos alertas para não cairmos na tentação de buscarmos conselhos e orientações emocionais, familiares, teológicas ou bíblicas com o primeiro vídeo de Youtube ou enviando mensagens para o primeiro perfil de rede social com o qual simpatizamos. Não seja uma presa fácil de enganadores. Obedeça à orientação bíblica: "não deixando a nossa congregação, como é costume de alguns; antes, admoestando-nos uns aos outros; e tanto mais quanto vedes que se vai aproximando aquele Dia" (Hb 10.25).

É inegável que há boas páginas, canais de Youtube e perfis de redes sociais, com os quais podemos aprender mais sobre a Bíblia e sobre diversos outros assuntos. Porém também há muita coisa ruim na internet. Se o seu propósito é estudar, é imprescindível adquirir e ler bons livros e buscar realizar cursos validados para sua formação. Por exemplo, se quiser uma formação em História, faça uma faculdade reconhecida e bem avaliada pelo MEC. Cuidado com os marketeiros que pretendem te "ensinar o que a escola não te ensinou!".

No caso de uma formação teológica, busque orientação com o seu pastor, para realizar um seminário que mais se adeque à sua confissão de fé. Se precisar de aconselhamento, busque sempre o seu pastor, pois, por mais que um perfil possa ter informações úteis sobre família, Teologia, relacionamentos, etc., somente o seu pastor te conhece pessoalmente e conhece a sua história. Por fim, essa é a orientação bíblica: "Obedecei a vossos pastores e sujeitai-vos a eles; porque velam por vossa alma, como aqueles que hão de dar conta delas; para que o façam com alegria e não gemendo, porque isso não vos seria útil" (Hb 13.17). Naquele grande Dia, quem prestará contas do cuidado com sua alma será o seu pastor, não o teólogo de rede social.

Não podemos sucumbir à era da pós-verdade. Viva a Verdade, pregue o Evangelho da Verdade, pratique a Verdade. Seja sal da terra e luz do mundo (Mt 5.13-14). Fomos chamados para manifestar a glória de Deus neste mundo, sermos o tempero do mundo, até a volta de Jesus. Como vimos, a pós-verdade tem como seu principal campo da ação o meio digital, por meio das redes sociais. Por isso, a seguir, vamos analisar e compreender como podemos servir melhor a Deus, como obreiros do Senhor, nas redes sociais.

SENDO UM SERVO ÚTIL NA ERA DIGITAL

"E o seu senhor lhe disse: Bem está, servo bom e fiel. Sobre o pouco foste fiel, sobre muito te colocarei; entra no gozo do teu senhor." (Mt 25.21).

Capítulo 12

O QUE É A ERA DIGITAL?

> *E não vos conformeis com este mundo, mas transformai-vos pela renovação do vosso entendimento, para que experimenteis qual seja a boa, agradável e perfeita vontade de Deus (Rm 12.2).*

Você conhece a primeira lei de Newton, também conhecida como princípio da inércia? Ela diz que todo corpo permanece em seu estado de repouso ou de movimento retilíneo e uniforme caso as forças que atuem sobre ele se anulem.

A aplicação disso em nossas vidas é que é natural nos conformarmos com nossa rotina, fazermos as coisas no automático, não pensarmos muito a cada decisão que venhamos a tomar. Porém, graças a Deus fomos chamados para não sermos mais guiados pela nossa natureza, mas pelo poder de Deus.

Falar sobre o obreiro na era digital é falar sobre esse perigo que nos cerca. Vivemos na era da distração e o obreiro não pode se distrair. Por isso, a questão que desejamos responder ao longo deste texto é como deve ser o comportamento do obreiro no uso das redes sociais? Nosso intuito é demonstrar que é possível o uso das redes sociais de forma sábia e santificada pelo cristão e pelo obreiro de forma especial (Ef 5.15-16).

Ao longo deste texto, meu objetivo é apresentar, em linhas gerais, o funcionamento da internet, especialmente das redes sociais, e o significado da era digital. Quais são os principais desafios da era digital para o obreiro cristão? Como utilizar essa ferramenta para a glória de Deus?

No intuito de alcançar o objetivo proposto neste material, vamos tomar o conceito de rede social como a principal materialização da era digital. A ideia principal de rede é de um entrelaçamento de linhas que se cruzam em pontos de contato, não possuindo um ponto central. Ninguém sabe como inicia a rede ou como termina, mas todos sabem que os fios irão se cruzar em algum ponto. Além dessa conceitualização, é interessante pensar também na ideia de pescaria. A rede de pesca apanha tudo o que está à sua frente, por mais que o peixe tente escapar, se for pego pela rede, será quase impossível escapar dela.

Na *internet* (*net* é rede em inglês) ou na *web*, termo inglês que significa "teia", que é aplicado à rede de computadores, sabendo que as siglas www significam "World Wide Web", isto é, larga teia mundial, o que faz com que tudo aconteça é o *algoritmo*. Na matemática esse termo se aplica às regras utilizadas para resolução de problemas e na informática geral é um conjunto de cálculos matemáticos que têm a função de transformar uma informação, uma imagem, um documento em um arquivo digital que só pode ser aberto por quem tiver o código do algoritmo, algo que já vem em programas e aplicativos. Por exemplo, se você tiver uma imagem que foi transformada em arquivo ".jpg", somente quem tiver o programa ou aplicativo com a chave para ler arquivo ".jpg" poderá ver a imagem.[74]

O algoritmo das redes sociais, porém, tem outra função além da descrita acima. A função dos algoritmos das redes sociais é, em primeiro lugar, analisar o seu comportamento no uso das redes (Instagram, Facebook, Youtube, X, Whatsapp, Tiktok, etc.), para, em seguida, apresentar a você aquilo que provavelmente mais te interessará. Os algoritmos das redes sociais formam uma inteligência artificial que tem como objetivo conhecer você melhor do que você mesmo. Isso para fazer você cair na rede ou se prender na teia e não sair mais de lá.[75]

Você precisa estar atento ao fato de que todas as redes sociais, a web (Google, p.ex.) e o sistema operacional do seu smartphone (Android e Apple) estão interligados e compartilham informações um com o outro. Diante disso,

---

[74] MORIMOTO, Carlos E. *Dicionário Técnico de Informática*. 3ª ed. Guia do Hardware. Disponível em: <http://www.dominiopublico.gov.br/download/texto/hd000001.pdf>. Acesso em: 12 out. 2023.

[75] VEJA como os algoritmos do Instagram podem ajudar você. Instagram. Disponível em: <https://creators.instagram.com/grow/algorithms-and-ranking?locale=pt_BR>. Acesso em: 12 out. 2023. O QUE É o algoritmo do Instagram? Entenda como funciona o feed da rede. Techtudo. Disponível em: <https://www.techtudo.com.br/listas/2023/04/o-que-e-o-algoritmo-do-instagram-entenda-como-funciona-o-feed-da-rede-edapps.ghtml>. Acesso em: 12 out. 2023.

pode-se dizer que ao acessar uma rede social, buscar uma informação na internet, trocar uma mensagem pelo Whatsapp ou conversar com alguém tendo o seu smartphone por perto, sem perceber, você estará transmitindo informações para o algoritmo.

Assim, talvez você tenha o objetivo, em um primeiro momento, de buscar informações para resolver um problema, sanar uma dúvida, satisfazer uma curiosidade, etc., porém, o algoritmo irá analisar isso, levará seus dados para um *cluster* digital (um conjunto de inteligências artificiais que trabalham juntas) e, a partir deste momento, tudo estará integrado para apresentar aquela fofoca, aquela solução, aquele anúncio, aquele discurso político ou qualquer outra coisa que você tenha mostrado interesse em algum momento.

E quais seriam os comportamentos analisados pelo algoritmo? Já mencionamos o ato de pesquisar, mas também é importante incluir: o tempo (segundos) que você gasta parado em uma publicação, os conteúdos que você compartilha, as postagens que você curte, comenta, salva (instagram), baixa (download) ou publica, ou seja, todo o seu engajamento nas redes. Interessante destacar que o comportamento dos seus "amigos" mais próximos nas redes sociais, aqueles com os quais você mais interage, também afetará o seu algoritmo.

Essa dinâmica acontece de forma automática nas redes sociais e é o que as mantêm tão populares. Mas isso também é aproveitado pelos marketeiros digitais. As plataformas de anúncios nas redes sociais (Meta Ads – Facebook e Instagram, Google Ads, Tiktok Ads, Pinterest Ads, etc.) permitem que o empreendedor digital possa fazer com que o anúncio de seu produto, seja ele físico (livro, eletrodoméstico, eletrônicos, cosméticos, etc.) ou digital (cursos online, ebooks, mentorias, etc.) alcance as pessoas certas a partir dos dados coletados e agrupados nas plataformas digitais.

O marketeiro, a partir de uma pesquisa bem estruturada, sabe qual é a *persona* (um perfil biográfico que possui um comportamento específico a partir de seus medos, desejos, sonhos, etc.) ideal que mais se interessaria pelo que ele tem a oferecer e que provavelmente irá adquirir o produto. É com o valor pago para que os anúncios circulem nas redes que essas plataformas se mantêm ativas e em plena expansão.

Quais são as ferramentas utilizadas pelos marketeiros digitais para atrair a sua atenção? O propósito deste texto não é abordar em detalhes o funcionamento do marketing digital. Porém, dentre as ferramentas utilizadas no marketing digital que são destinadas especificamente a chamar a sua atenção, destaca-se a técnica de escrita *Copywriting*.

Conforme explicado por Paulo Maccedo, a propaganda, apesar de existir desde a antiguidade, assumiu novas técnicas na era digital:

<blockquote>a publicidade age sobre as motivações inconscientes do público, o que os leva a determinadas ações, pois se baseia na psicologia social, nos estudos de mercado, na sociologia e na psicanálise.[76]</blockquote>

O termo *copy* (cópia) não teria o sentido tanto da cópia, mas daquilo que é digno de ser copiado, de ser transmitido, de ser fixado na mente. O *copywriter* seria o especialista que, a princípio, escreveria textos publicitários. Porém, hoje, há uma diferença entre um e outro, isto é, o *copywriter* não seria um escritor de propagandas comuns, mas aquele que agarraria a atenção da audiência pela *call to action* (chamada para ação).

Para que o trabalho do *copywriter* seja efetivo, ele precisa ser um mestre da persuasão. Em seus textos, ele precisa conseguir chamar a atenção (ao rolar o feed, você <u>para</u> no anúncio), despertar o interesse (você se <u>mantém</u> lendo o anúncio), gerar o desejo (você passa a entender que aquilo que está sendo oferecido atenderá sua <u>necessidade mais urgente</u>) e conquistar um clique (você toma a <u>ação de clicar</u> no link para 'Saber Mais'). O trabalho deve continuar em todo o *funil* de vendas até fazer você chegar ao carrinho de compras ou ao cadastro para um evento.

Qual a força mais poderosa da persuasão ao longo das eras? A narração de histórias. A narrativa de histórias

---

[76] MACCEDO, Paulo. *Copywrinting*: o método centenário de escrita mais cobiçado do mercado americano. São Paulo: DVS Editora, 2019, p. 23.

tem como objetivo envolver o leitor, fazendo com que ele se torne um personagem ativo, alguém que torce, que sofre, que se alegra, enfim, histórias fazem com que nossas emoções sejam despertadas. Há uma técnica envolvida no *copywriting* que foca diretamente na criação de histórias envolventes que emocionam o leitor, tornando-o não apenas um consumidor, mas um fã do produto. O nome dessa técnica é *storytelling* (contar histórias).

Porém, os marketeiros têm utilizado o conhecimento advindo de outra área diversa da publicidade, isto é, a psicologia. Em estudos desenvolvidos por Joseph Campbell, a partir das teorias psicológicas de Carl Jung, descobriu-se que há padrões em todas as histórias contadas desde a antiguidade. A esses padrões foi dado o nome de arquétipos:

> "Formas ou imagens de natureza coletiva, que ocorrem em praticamente toda a Terra como componentes de mitos e, ao mesmo tempo, como produtos individuais de origem inconsciente". [...] "os arquétipos não são apenas ideias elementares, mas também e igualmente sentimentos elementares, fantasias elementares, visões elementares." [...] Os produtos atraem – e prendem - a nossa atenção pelo mesmo motivo: eles corporificam um arquétipo.[77]

---

[77] MARK, Margaret; PEARSON, Carol. *O Herói e o Fora-da-Lei*: como construir marcas extraordinárias usando o poder dos arquétipos. São Paulo: Cultrix, 2003, p. 18.

Dessa forma, quando o marketeiro domina o *storytelling*, ele irá construir uma história que não estará direcionada a todo mundo, mas a um público específico que se identifica com determinado arquétipo psicológico.

> Essas imagens e cenas arquetípicas convidam as pessoas a realizarem suas necessidades e motivações humanas básicas ([...] liberdade e identidade, realização e intimidade). Em um mundo ideal, o produto desempenha uma função mediadora entre uma necessidade e sua satisfação.[78]

Quais seriam os principais arquétipos psicológicos? A autora Margaret Mark apresenta 12 arquétipos e o que eles fazem as pessoas acreditarem que podem fazer: Criador – criar algo original; prestativo – ajudar as pessoas; governante – ter controle e ordem sobre processos; bobo da corte – se divertir; cara comum – estar bem consigo mesmo e com os outros; amante – seduzir e encontrar o grande amor; herói – agir corajosamente, contra tudo e contra todos para alcançar seus objetivos; fora-da-lei – quebrar as regras, combater a hipocrisia; mago – influenciar a transformação dos outros, fazer com que os outros ajam de determinada maneira; inocente – docilidade, manter as coisas em paz, renovar a fé e a esperança; explorador – desbravar, alcançar a independência, aventurar; sábio – compreender tudo ao seu redor. Cada um desses arquétipos possui seus pontos

---

[78] IDEM, *Ibidem*, p. 28.

fortes e seus pontos fracos e todos nós nos identificamos com algum deles em cada história contada.

Uma vez envolvidos nas histórias, de que forma tomamos a ação desejada pelo marketeiro? Esse é o assunto tratado de forma magistral por Robert Cialdini ao demonstrar o poder dos "gatilhos mentais":

> Embora haja milhares de táticas diferentes para conseguir o "sim", a maioria se encaixa em sete categorias básicas. Cada uma dessas categorias é governada por um princípio psicológico fundamental que guia o comportamento humano e, ao fazer isso, dá à tática seu poder. [...]
> Cada princípio é examinado em relação à capacidade de produzir um tipo distinto de influência automática nas pessoas: uma disposição para dizer "sim" sem parar para pensar primeiro.[79]

Conforme explicado por Cialdini, isso ocorre devido à nossa predisposição mental a buscar atalhos para conseguirmos sobreviver.

> Você e eu existimos em um ambiente extraordinariamente complicado. Para lidar com isso, precisamos de atalhos que o simplifiquem. Não se pode esperar que reconheçamos e analisemos todos os aspectos de cada pessoa,

---

[79] CIALDINI, Robert B. *As Armas da Persuasão 2.0*. Edição revista e ampliada. Rio de Janeiro: HarperCollins Brasil, 2021, p. 15.

acontecimento e situação que encontramos nem mesmo num único dia. Não temos o tempo, a energia nem a capacidade para isso. Em vez disso, precisamos usar nossos estereótipos, nossas regras do bom comportamento, para classificar coisas de acordo com algumas características-chave e então reagir sem pensar quando uma ou outra característica-gatilho está presente.[80]

Ao longo de seu livro, Cialdini apresenta 7 gatilhos mentais que estão presentes nas redes sociais, tanto em anúncios quanto em uma simples postagem, e, importante ressaltar, também estão presentes fora das redes sociais, na vida real cotidiana. Dessa forma, ele demonstra que os gatilhos mentais pelos quais nós temos maior propensão a dizer SIM são: quando alguém faz algum benefício para nós – reciprocidade; quando gostamos da pessoa que nos está fazendo uma proposta ou quando essa pessoa nos faz sentir bem – afeição; quando muitas pessoas falam coisas positivas sobre o que a pessoa está oferecendo - aprovação social; quando a pessoa que está falando é uma especialista no assunto, tendo larga experiência ou tendo diplomas e títulos – autoridade; quando o que a pessoa está oferecendo é algo que não é para todo mundo ou é algo exclusivo – escassez; quando já dissemos sim para um primeiro passo é mais fácil dizer sim para uma etapa maior – compromisso; e quando queremos nos sentir parte do grupo, isto é, caso não tenhamos aquilo, iremos nos sentir como excluídos do grupo - unidade.

---

[80] IDEM, *Ibidem*, pp. 23-24.

Esses gatilhos são despertados em nós a todo momento, por diversos meios: uma publicação nas redes sociais, um anúncio, um filme, um trailer, um comercial na tv, uma novela, um discurso de um candidato político, uma música, etc. Porém, até o ano passado (2022), para que esses discursos funcionassem era necessário o trabalho de uma pessoa especialista em comunicação ou de um *copywriter*. Hoje, isso tem se tornado cada vez mais dispensável com o avanço da inteligência artificial - IA. Um exemplo claro de uma IA que tem substituído o trabalho dos comunicadores é o Chat GPT.

O Chat GPT, desenvolvido pelo laboratório industrial Open AI, tendo como CEO Sam Altman, é a maior expressão, até o momento, da 4ª Revolução Industrial. A tecnologia investida no Chat GPT faz com que os algoritmos não apenas analisem o comportamento das pessoas na internet e lhes forneça soluções, mas, conforme dito pelo próprio Sam Altman: "aspiramos que elas consigam efetivamente compreender as coisas, os contextos, adaptar-se a eles e, portanto, gerar qualquer tipo de conhecimento que se busque".[81]

Essa IA tem como objetivo resolver qualquer problema apresentado a ela. Ela pode responder a uma

---

[81] CINTRA, Guilherme. Cinco destaques do encontro com Sam Altman, o CEO da OpenAI. *Fundação Lemann*, Em Pauta, 25 maio 2023. Disponível em: <https://fundacaolemann.org.br/noticias/cinco-destaques-do-encontro-com-sam-altman-o-ceo-da-openai>. Acesso em: 13 out. 2023.

pergunta, escrever um texto, qualquer tipo de texto, apresentar uma fórmula matemática, desenhar, propor uma forma de apresentação que mais desperte o interesse de um público específico, etc.

O Chat GPT pode, inclusive, mentir! Em 24 de março de 2023, o mundo recebeu a notícia de que os engenheiros da informação da empresa responsável pelo Chat GPT ficaram assombrados com um fato aparentemente não previsto, para solucionar um problema de preenchimento de formulário na internet, a IA aprendeu a mentir.

Diante desse quadro e cientes de que queiramos ou não os nossos dados estão disponíveis na internet, pode-se perguntar: há alguma lei que nos proteja? Sim, há. A Lei nº 13.709/2018, alterada pela Lei nº 13.853/2019, intitulada Lei Geral de Proteção de Dados Pessoais, estabeleceu limites para o compartilhamento e acesso de dados pessoais, especialmente, na internet:

> Art. 1º Esta Lei dispõe sobre o tratamento de dados pessoais, inclusive nos meios digitais, por pessoa natural ou por pessoa jurídica de direito público ou privado, com o objetivo de proteger os direitos fundamentais de liberdade e de privacidade e o

livre desenvolvimento da personalidade da pessoa natural.[82]

Há também leis que protegem o compartilhamento de dados íntimos na internet, como a Lei nº 13.772/2018:

> Art. 1º Esta Lei reconhece que a violação da intimidade da mulher configura violência doméstica e familiar e criminaliza o registro não autorizado de conteúdo com cena de nudez ou ato sexual ou libidinoso de caráter íntimo e privado.

Importante também mencionar a Lei nº 14.132/2021, que incluiu o artigo 147-A no Código Penal, para penalizar quem faz perseguição e ataques a outrem, por qualquer meio, especialmente pelas redes sociais, os chamados *haters.* Além de diversas outras leis que impõem limites a essa celeuma da internet.

Porém, o obreiro precisa estar atento ao que o Senhor Jesus disse em Lucas 16.8: "E louvou aquele senhor o injusto mordomo por haver procedido prudentemente, porque os filhos deste mundo são mais prudentes na sua geração do que os filhos da luz." Ou, o que o Senhor disse em Mateus 10.16: "Eis que vos envio como ovelhas ao meio de lobos; portanto, sede prudentes como as serpentes e símplices como as pombas." O obreiro não depende de que o Estado tutele o seu comportamento na internet ou

---

[82] BRASIL. Lei nº 13.709, de 14 de agosto de 2018. Disponível em: <https://www.planalto.gov.br/ccivil_03/_ato2015-2018/2018/lei/l13709.htm>. Acesso em: 13 out. 2023.

em qualquer outro lugar. Aparentemente, é incompreensível que alguém não convertido tenha mais cuidado no uso da internet e em seus relacionamentos do que o cristão. Por isso, é importante conhecer os desafios que o uso das mídias nos apresenta e lidar com eles com simplicidade, que é o oposto de ostentação ou ingenuidade, e com prudência.

Capítulo 13

DESAFIOS PARA O OBREIRO

Em 2ª Pedro 2.3, há o seguinte alerta: "e, por avareza, farão de vós negócio com palavras fingidas; sobre os quais já de largo tempo não será tardia a sentença, e a sua perdição não dormita." A palavra que é preciso destacar é "fingidas", que, é a tradução do termo grego *plastos*, raiz da palavra plástico. Esse termo significa que os falsos mestres, em razão de agirem por avareza, ou seja, pelo desejo intenso do lucro financeiro, político ou social ou qualquer outro tipo de cobiça, saberão, por astúcia e malícia, moldar as suas palavras e os seus discursos para que você esteja alienado e se torne uma mercadoria em suas mãos.

Hernandes Dias Lopes explica que esse termo indica que as palavras proferidas por esses falsos mestres podem significar qualquer coisa e acrescenta: "chantageiam o povo com ameaças fictícias ou seduzem-no com promessas mirabolantes".[83]

Além disso, o sucesso alcançado por muitos desses falsos mestres parece legitimar ou é apresentado como

---

[83] LOPES, Hernandes Dias. *2 Pedro e Judas*: quando os falsos profetas atacam a Igreja. São Paulo: Hagnos, 2013, p. 63.

validação de seus métodos em trabalhar com palavras plásticas. Assim explica Lawrence Richards:

> É importante observar que uma boa parte da atração destes falsos mestres está no fato de que os seus ensinamentos parecem validar o comportamento imoral. [...] O falso doutor/mestre apresenta isto como liberdade, enquanto é, na verdade, o pior tipo de escravidão: a escravidão de alguém aos seus instintos mais básicos.[84]

Escravizar a pessoa em razão dos seus instintos mais primitivos é o resultado de uma atitude imprudente e persistente no mau uso da internet. É necessário destacar isso, porque todo o aparato digital trabalha exatamente no estímulo constante desses instintos. Robert Cialdini nos alerta sobre o perigo de alienarmos o que temos de mais precioso que é a nossa consciência e inteligência. Para ele, há uma diferença fundamental entre conhecimento e informação, lembrando que a era digital também é conhecida como a era da informação:

> Quando tomamos uma decisão sobre alguém ou alguma coisa, não usamos todas as informações relevantes disponíveis. Usamos apenas uma única informação, extremamente representativa do total. [...] O ritmo da vida moderna exige que usemos esse

[84] RICHARDS, Lawrence. *Comentário Histórico-Cultural do Novo Testamento*. 3ª edição. Rio de Janeiro: CPAD, 2008, p. 531.

> atalho com frequência. [...] Por exemplo, ao decidir
> se dizemos sim ou não a um solicitante, prestamos
> atenção a uma única unidade da informação
> relevante na situação. [...]
> Somos propensos a usar esses sinais solitários
> quando não temos tendência, tempo, energia ou
> recursos cognitivos para fazer uma análise
> completa da situação. Quando estamos apressados,
> estressados, inseguros, indiferentes, distraídos ou
> cansados, nos concentramos em menos da
> informação disponível. [...]
> Mas observe algo revelador: nossa era moderna,
> chamada de Idade da Informação, nunca foi
> chamada de idade do conhecimento. A informação
> não se traduz diretamente em conhecimento. Ela
> deve, primeiro, ser processada – acessada,
> absorvida, compreendida, integrada e retida.[85]

Some-se a isso a afirmação de Tony Reinke, segundo a qual a era digital acompanha a era da economia de consumo. Empresários e marketeiros não nos oferecem apenas os produtos dos quais necessitamos, mas também trabalham para gerar em nós o desejo por obter coisas das quais não precisamos. Por isso, não podemos ser ingênuos, pois neste tempo, nós não apenas consumimos, mas também somos consumidos:

---

[85] CIALDINI, Robert B. *As Armas da Persuasão 2.0*. Edição revista e ampliada. Rio de Janeiro: HarperCollins Brasil, 2021, pp. 448-451.

Anúncios são potentes não apenas por alcançarem muitos olhos, mas porque eles moldam como toda uma cultura enxerga um produto, um fenômeno chamado *impressão cultural*. [...] Alimentados por uma dieta repleta de doces, guloseimas de sensações e de impressão cultural, adquirimos novos apetites pelo mundo visível ao mesmo tempo em que perdemos o gosto pelo invisível.[86]

Conforme exposto por Tony Reinke, a era digital quer atrair os nossos olhos a todo momento, para todo tipo de distração, constituindo-se em uma ênfase excessiva nos espetáculos criados: "os espetáculos fazem exigências a nós – eles querem nossa autoimagem, nosso tempo, nossa indignação, nossa atenção, nosso coração, nossa carteira, e, é claro, nossos votos". Esses espetáculos digitais, essas imagens que fixam o nosso olhar, tendem a nos distrair do maior de todos os espetáculos: a Cruz de Cristo.

Neste mundo amante de espetáculos, com todos os seus fabricantes e as suas indústrias de espetáculos, veio o mais grandioso Espetáculo já concebido na mente de Deus e apresentado na história mundial: a cruz de Cristo. [...] O ato da crucificação, repetido milhares de vezes no Império Romano, era o espetáculo de sucesso garantido no tocante a atrair atenções. [...]

---

[86] REINKE, Tony. *A Guerra dos Espetáculos*: o cristão na era da mídia. São José dos Campos, SP: Editora Fiel, 2020, pp. 48-49.

Essa encenação teatral do sadismo no coração humano ajuntou uma grande multidão. E que show eles presenciaram! Um homem zombado, escarnecido, espancado, ensanguentado e levantado num madeiro. Mas eles também viram a criação se arrepiar. A terra tremeu. O véu do templo se rasgou de alto a baixo. O sol do meio-dia escureceu por três horas. Sepulcros se racharam e abriram. Os corpos mortos de muitos cristãos [sic.] foram ressuscitados.

A morte de Jesus Cristo não foi só mais um espetáculo de crucificação; foi o ápice de todos os espetáculos de crucificação. [...] A cruz de Cristo foi o maior espetáculo da História cósmica por causa de suas irônicas subversões. [...] Mas, pendurado num madeiro, Cristo se fez maldição por nós. [...] Este Rei crucificado permanece em si mesmo o mais grandioso Espetáculo. Dali em diante, Deus tencionou que todos os olhares humanos estivessem centrados nesse momento climático. [...] Pela fé, esse Espetáculo definitivo é agora a vida que eu vivo. [...] Nossa reação ao espetáculo definitivo de Cristo é o que nos define.[87]

É por isso que Paulo nos ensina a nos gloriarmos apenas na Cruz de Cristo (Gl 6.14). É por isso que nossos olhos devem estar fixos em Cristo, o autor e consumador da Fé (Hb 12.2). É por isso que devemos gastar o nosso tempo com as coisas de cima e não da terra (Cl 3.1-2). É por isso que não podemos nos conformar com este mundo

---

[87] IDEM, *Ibidem*, p. 95-98.

e com esta era (Rm 12.2). Diante de tudo isso, o nosso maior desafio é não negligenciarmos, mas aprimorarmos aquilo que está prometido e deve ser buscado, isto é, termos a mente de Cristo (I Co 2.16).

Observe o que nos ensinou Antônio Gilberto:

> Há vários fatores que ocasionam o envelhecimento ou a decadência espiritual. Os mais comuns são a rotina, a imaturidade, a frieza, o descaso e, por fim, a estagnação da vida cristã. Há crentes que perdem o entusiasmo e o fervor dos primeiros dias de fé; acostumando-se a uma vida sem poder, testemunho, oração, consagração e crescimento. Nesta situação, se não houver uma reversão imediata, o crente pode desviar-se dos caminhos do Senhor, o que será ainda pior.[88]

Caro leitor, não é momento de distração, mas de despertamento espiritual: "Pelo que diz: Desperta, ó tu que dormes, e levanta-te dentre os mortos, e Cristo te esclarecerá" (Ef 5.14). O obreiro do Senhor não pode ser um distraído ou um descuidado na utilização das redes sociais ou em qualquer outro ambiente. Os desafios colocados em Efésios 5.1-21 são exatamente os mesmos desafios postos diante de nós hoje.

Nesse texto, Paulo faz um contraste entre aqueles que são exortados a imitarem a Cristo, a amarem como

---

[88] SILVA, Antônio Gilberto da. *Bíblia com Comentários de Antônio Gilberto*. Rio de Janeiro: CPAD, 2021, p. 1856.

Cristo nos amou e a se entregarem totalmente em sacrifício vivo a Deus, e aqueles que prosseguem em sua indiferença e rebeldia às exigências do Reino de Cristo e de Deus e, por consequência, não poderão herdá-lo.

Neste texto, a exortação sobre nosso comportamento diante dos homens e de Deus, seja no mundo físico ou no mundo virtual, é expressa em quatro conjuntos de três elementos. Apesar da lista de pecados apresentada por Paulo (vv. 3 e 5, 4 e 6) contraposta à lista de virtudes do Espírito Santo (vv. 9, 19 e 20) não ser exaustiva, ela é clara para que o crente não tenha dúvida do que lhe é exigido como herdeiro do Reino de Deus.

Gráfico 2 – Comparação entre vícios, virtudes e discursos a partir de Efésios 5.1-21

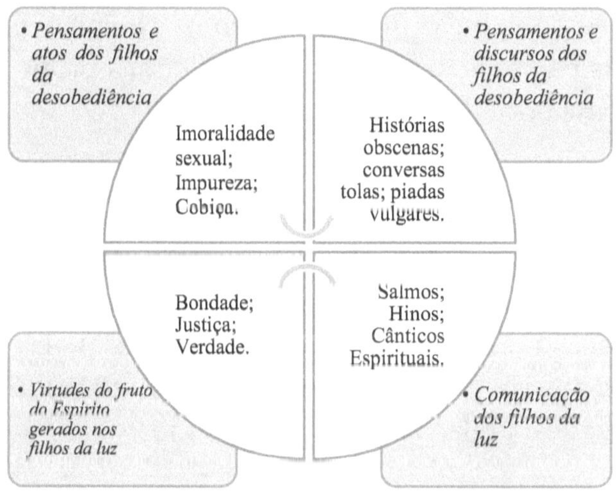

Talvez você se lembre do corinho que inicia assim: "cuidado, olhinho, com o que vê..." Quem nos alertou sobre o cuidado com o que vemos e falamos foi o próprio Senhor Jesus: "Porque onde estiver o vosso tesouro, aí estará também o vosso coração" (Mt 6.21), os olhos são a lâmpada do corpo, se os olhos forem bons, todo o corpo terá luz; mas se forem maus, todo o corpo estará em trevas. Por conseguinte, nossa boca falará daquilo que o nosso coração estiver cheio, se o nosso coração foi alimentado com coisas santas, nós nos lembraremos e sempre mencionaremos coisas santas; mas se alimentamos o nosso coração com coisas impuras, nossos pensamentos e nossas falas reproduziram coisas impuras (Mt 12.34-35). Para completar, Jesus ainda alertou sobre o mal presente em nossa geração, ou seja, a ideia defendida tácita ou explicitamente de que nunca prestaremos contas a Deus, mas Jesus deixou claro que daremos contas a Deus de todas as palavras insensatas ou irrefletidas pronunciadas pela nossa boca (Mt 12.36).

De forma semelhante, Paulo, pela construção do seu argumento, alerta aos efésios e a nós que antes do pecado consumado, ele é pensado, imaginado e mencionado. Observe como os vícios elencados por Paulo estão relacionados às conversas imorais das quais o cristão deve se apartar. Pode-se concluir que o conteúdo dessas conversas está relacionado àqueles vícios.

Essas práticas estavam relacionadas diretamente aos cultos pagãos existentes em Éfeso. Em Atos 19.34,35, há menção à deusa Diana ou Ártemis dos Efésios. O templo de Éfeso dessa divindade era uma das sete maravilhas do mundo antigo. Ela era conhecida como a deusa da caça, da lua, da vida selvagem, do espírito livre, da vingança, patrona das amazonas e virgem. De acordo com Pierre Grimal, os cultos prestados a essa divindade incluíam sacrifícios humanos.[89] E, especificamente em Éfeso, também era considerada a deusa da fertilidade. Além disso, sua associação sincrética com outra deusa, Hécate, deusa das sombras, tornava seus cultos pagãos em centros de feitiçaria.

Outra divindade pagã venerada em Éfeso e em toda a Ásia Menor era Dionísio, conhecido também como Baco, o deus do vinho, da fertilidade, da loucura, da irracionalidade, da música, da alegria e patrono do teatro. Segundo Pierre Grimal, no Império Romano era conhecido como *Liber Pater*,[90] isto é, o pai da liberdade. Além disso, nas lendas sobre essa divindade, segundo Grimal, para fugir da ira de Hera, Dionísio teria sido vestido, ainda criança, com roupas femininas. Os cultos a essa divindade, chamadas de bacantes, envolviam procissões e delírios místicos principalmente em mulheres. As loucuras envolvidas nas lendas e nas

---

[89] GRIMAL, Pierre. *Dicionário da Mitologia Grega e Romana*. 5ª ed. Rio de Janeiro: Bertrand Brasil, 2005, p. 48.
[90] IDEM, *Ibidem*, p. 121.

práticas cúlticas a essa divindade resultavam em mortes e esquartejamentos. Outra lenda associada à Dionísio diz respeito ao dom concedido ao rei Midas, que lhe dava o poder de transformar em ouro tudo o que tocasse, uma verdadeira maldição.

Todas essas histórias mitológicas representavam aspectos da vida cotidiana do ser humano, principalmente na área moral. Note como a imoralidade sexual, as contendas, a avareza e a loucura estavam relacionadas diretamente a esse modo de vida pagão. Essas histórias, que são caracterizadas como obscenas, moldavam a vida dessas pessoas e enchiam os seus corações e mentes. E isso era reproduzido com naturalidade em suas conversas, que não poderiam contribuir em nada para a busca das virtudes pessoais.

Em meio a essa realidade cultural, qual é a recomendação bíblica? "Não participem do que essas pessoas fazem" (v. 7 – NVT). Aquela era uma cultura das sombras e da irracionalidade. Mas a vida cristã é vida de luz. Além disso, como filhos da luz, os cristãos não apenas não devem compartilhar dos valores dessa cultura, mas devem reprova-la, expondo-a à luz: "Não participem dos feitos inúteis do mal e da escuridão; antes, mostrem sua reprovação expondo-os à luz" (v. 11 – NVT).

É por isso que as três qualidades do fruto do Espírito elencadas por Paulo fazem contraste aos três vícios da cultura efésia. Firme este ensino em seu coração: se estivermos fundados e arraigados no amor de Jesus

Cristo (Ef 3.17; 5.2), buscando estar cheios do Espírito Santo (Ef 5.18), ao invés de embriagados pelos encantos da cultura deste mundo, então o Espírito Santo terá a liberdade para produzir em nós as virtudes do seu fruto. E somente assim, passaremos a, em primeiro lugar, olhar todas as coisas que nos cercam com olhar de bondade e não de lascívia ou impureza. Passaremos a considerar todas as coisas com justiça e não com cobiça ou avareza. E, finalmente, viveremos a verdade e não o engano. Para nós, o resultado de uma vida no Espírito não poderá ser outra senão uma vida de santidade e de sujeição e cooperação entre irmãos em prol do Evangelho de Jesus Cristo.

Os problemas culturais aludidos por Paulo é totalmente aplicável à nossa cultura pós-moderna. Note como o Friedrich Nietzsche, considerado um dos precursores da pós-modernidade, defendia o resgate do espírito dionisíaco na cultura desde o século XIX:

> Fui o primeiro que pela compreensão desse antigo instinto grego, rico e até exuberante, tomei a sério aquele maravilhoso fenômeno que leva o nome de *Dionísio*, e que só é explicável por um excedente de força. [...] É possível, com efeito, que os sacerdotes comunicassem aos que participavam dessas orgias alguns pensamentos que não carecem de valor; por exemplo, que o vinho incita à alegria, que o homem pode sustentar-se com frutos por algum tempo, que as plantas florescem na primavera e perdem suas folhas no outono. [...] Por isso o símbolo sexual era

para os gregos o signo venerável por excelência, o verdadeiro sentido profundo de todo o orgulho antigo. [...] A palavra *Dionísio* significa tudo isso. Não conheço simbolismo mais elevado que esse simbolismo grego das festas dionisíacas. O mais profundo instinto da vida, o da vida futura, se traduz ali duma maneira religiosa; a procriação é o caminho sagrado da vida. O cristianismo, ao investir contra a vida, foi o que fez da sexualidade algo impuro, lançando lama à sua origem e sua condição primeira.[91]

Para Nietzsche, tanto a racionalidade do mundo moderno quanto os valores cristãos depunham contra o sentido da vida do homem. Para que houvesse o resgate da vida, era necessário resgatar os valores orgiásticos dos cultos a Dionísio. Esse desejo nunca se tornou tão real quanto no nosso tempo, um tempo de valorização da imoralidade sexual, da violência e da avareza, como padrões norteadores da vida.

É por isso que devemos ter tanta atenção ao que acessamos, compartilhamos e produzimos na internet. Cuidado com a tentação de que se está fazendo tudo nas sombras, com o desejo pelas curtidas e pelo número de seguidores que podem nos aproximar dos ídolos e nos afastar de Deus.

---

[91] NIETZSCHE, Friedrich. *O Crepúsculo dos Ídolos ou a Filosofia a Golpes de Martelo*. Curitiba: Hemus Livraria, Distribuidora e Editora S.A., pp. 99-101.

Diante de tantos desafios, o que fazer? Temos a tendência a reagir de duas maneiras distintas fugir ou enfrentar. Não devemos criticar quem não deseja se envolver com a era digital, por mais que isso, hoje, seja praticamente inevitável. Para quem deseja enfrentar o desafio e utilizar as ferramentas digitais para a glória de Deus e testemunho da fé, proponho algumas orientações nos próximos tópicos.

Capítulo 14

MÍDIAS PARA A GLÓRIA DE DEUS

Em 1ª Coríntios 10.31, o apóstolo Paulo, inspirado pelo Espírito Santo, diz: "Assim, quer vocês comam, bebam ou façam qualquer outra coisa, façam tudo para a glória de Deus." Comer e beber são os aspectos mais básicos das necessidades básicas do ser humano, são a representação mais elementar da nossa rotina. Isso significa que: "Tudo o que o cristão fizer, qualquer decisão tomada, deve ser 'para a glória de Deus' (v. 31; cf. 6.20; Cl 3.17), não por presunção, autossatisfação ou afirmação de seus 'direitos'".[92]

De acordo com o *Dicionário Wycliffe*, "a glória está ligada à revelação, e consiste na manifestação da natureza de Deus".[93] No Novo Testamento, em Hebreus 1.3, diz sobre Jesus Cristo: "O qual, sendo o resplendor da sua glória, e a expressa imagem da sua pessoa, e sustentando todas as coisas pela palavra do seu poder, havendo feito por si mesmo a purificação dos nossos pecados, assentou-se à destra da Majestade, nas alturas". O *Dicionário Vine*

[92] ARRINGTON, French L.; STRONSTAD, Roger (ed.). *Comentário Bíblico Pentecostal*: Novo Testamento. 4ª ed. Rio de Janeiro: CPAD, 2006, p. 999.
[93] PFIFFER, Charles; VOS, Howard; REA, John. *Dicionário Bíblico Wycliffe*. 2ª edição. Rio de Janeiro: CPAD, 2007, p. 870.

inclui a ideia de que glória no Novo Testamento sempre está associada não apenas à revelação, mas à honra dada a Deus por essa revelação da glória que resplandece e sempre resplandecerá em Jesus Cristo.

Nossa vida cristã não está sustentada apenas na obrigatoriedade de observar ritos e liturgias. Na caminhada cristã, não há separação entre o que somos no domingo à noite e o que somos de segunda à sexta-feira na sociedade. Em tudo o que nos envolvemos, a glória de Deus deve ser exaltada, a mensagem da Cruz deve ser anunciada. Somos testemunhas (At 1.8) em todos os ambientes nos quais estamos inseridos, testemunhas não apenas de discurso, mas também de vida proativa. E, para isso, para a eficácia real desse testemunho, foi-nos dada a promessa do revestimento de poder do Espírito Santo.

A era digital fez com que tivéssemos acesso a informações, pessoas e ideias de várias partes do mundo, a nível instantâneo, como nunca antes experimentado. Por outro lado, essa abertura também possibilitou termos acesso a um monte de coisas vãs (2ª Ts 3.11). Por isso, é urgente buscarmos o discernimento racional e espiritual para sabermos como caminhar nesta era digital. Devemos promover a glória de Deus e não promover escândalos ao Evangelho (Mt 18.7).

Diante dessas verdades, seguem quatro orientações básicas para uma vida produtiva e virtuosa no mundo virtual:

a) Engaje-se somente com o que for útil

"Ninguém que milita se embaraça com negócios desta vida" (2ª Tm 2.4). Não gaste seu tempo com a vaidade (inutilidade). Na era digital, a atenção se tornou mais valiosa que o ouro. Seu comportamento nas redes sociais, produzindo ou consumindo conteúdo, para glorificar a Deus, não precisa se restringir a compartilhar mensagens bíblicas, mas precisa estar focado em tudo aquilo que contribua para a excelência daquilo do seu trabalho, dos seus dons e do seu ministério. Produza apenas o que for adequado aos valores pregados por você, isto é, à sua identidade cristã.

b) Aproveite com sabedoria cada oportunidade de tempo

"Portanto, vede prudentemente como andais, não como néscios, mas como sábios, remindo o tempo, porquanto os dias são maus" (Ef 5.15-16). O mundo virtual é uma grande bolha de distração. Portanto, não se distraia, não perca seu tempo com coisas fúteis, ou seja, não pare diante do inútil, não curta, não comente, não compartilhe, etc. Quantas vezes você já compartilhou publicações anticristãs só para alertar a outros, sem nem perceber que você está transmitindo informações valiosas sobre os seus interesses ao algoritmo?

Isso não significa que o cristão deva ficar apático diante dos ataques aos valores cristãos, mas deve agir e não apenas reagir de forma propositiva e sábia, ou seja, ao invés de compartilhar, crie o seu conteúdo, estude para fazer isso. E não se embarace por falta de prudência!

Por exemplo, hoje há leis que penalizam não apenas o racismo como também a injúria racial, equiparada ao racismo a partir da Lei nº 14.532/2023. Essa lei pode ser evocada, por exemplo, quando alguém sente que sua religião é atacada por alguém. Como resolver isso, anuncie o Evangelho a todos e aprenda a diferença entre pregação do Evangelho e apologética. Caso você tenha a chamada para a apologética, então se aprofunde no estudo para saber como caminhar sem criar empecilhos ao anúncio do Evangelho. Porém, sempre esteja alerta ao fato de no fim de tudo: "importa obedecer a Deus do que aos homens" (At 5.29). O Evangelho confronta, mas alcança seu objetivo quando anunciado com prudência e poder do Espírito Santo.

c) Apresente-se com equilíbrio, pudor e modéstia

Esses são princípios bíblicos e se aplicam a todo cristão (1ª Tm 2.9). Cuide de sua imagem nas redes sociais, não se exponha e não curta o que outros fazem para se expor. Não use sua liberdade para a prática do pecado (Gl 5.13).

d) Valorize mais os relacionamentos reais do que os virtuais (2ª Tm 1.15-17)

As redes sociais criam um paradoxo: aproxima quem está longe e afasta quem está perto. Lembre-se que os apóstolos mantinham contato com as igrejas por meio das cartas, mas eles não abriam mão da comunhão física com os irmãos (2ª Jo 12). Não substitua o olho no olho e a conversa cara a cara com quem está próximo por uma curtida na sua última postagem por quem está distante.

Capítulo 15

O OBREIRO PROATIVO NA ERA DIGITAL

Em 2ª Coríntios 3.2-3, o apóstolo Paulo diz: "Vós sois a nossa carta, escrita em nossos corações, conhecida e lida por todos os homens, porque já é manifesto que vós sois a carta de Cristo, ministrada por nós e escrita não com tinta, mas com o Espírito do Deus vivo, não em tábuas de pedra, mas nas tábuas de carne do coração." Neste texto, Paulo, contrastando a sua autoridade com a daqueles que se utilizavam de cartas de apresentação para se inserirem nas igrejas e introduzirem falsos ensinos, diz que não necessita de cartas de papel, porque a maior prova de sua autoridade ministerial eram as vidas transformadas em Corinto.

O testemunho de vida transformada dos coríntios era a carta que o mundo lia sobre o poder do Evangelho. Você foi chamado para ser bênção na vida de alguém. "A superioridade da carta de apresentação de Paulo está acima de qualquer discussão".[94]

---

[94] ARRINGTON, French L.; STRONSTAD, Roger (ed.). *Comentário Bíblico Pentecostal*: Novo Testamento. 4ª ed. Rio de Janeiro: CPAD, 2006, p. 1085.

No mundo pós-moderno e virtual, a verdade é relativizada e a realidade se reduz à linguagem. Assim, basta alterar a linguagem que a realidade será alterada. É isso o que vemos todos os dias nas redes sociais. Dessa forma, o obreiro cristão presente no mundo virtual pode ser um agente de transformação de vidas.

Como nos ensina Steve Turner, quem deseja fazer a diferença na cultura atual e deseja ser um obreiro útil no mundo virtual, precisa conhece-lo, tanto quanto precisa conhecer a Palavra de Deus para aplicar as respostas bíblicas às necessidades daqueles que estão do outro lado da tela vagando sem rumo em meio a tantas postagens:

> Do mesmo modo, é necessário conhecer o mundo. Para dirigir-se a ele, é preciso estar familiarizado com seus problemas, vitórias, falhas e anseios. É necessário conhecer sua linguagem, pois cada nuança é importante para a comunicação.[95]

Obreiros da Casa do Senhor, vocês foram chamados por Deus para viverem um grande privilégio: servir. Por isso, não sendo possível separar quem você é aqui de quem é você fora daqui ou nas redes sociais, sempre tenha em vista a ordenança de Paulo para o seu filho na fé, Timóteo: "Sê o exemplo dos fiéis, na palavra, no trato, no amor, no espírito, na fé, na pureza." (1ª Tm 4.12). Seja o exemplo da mudança que quer ver em nosso meio evangélico!

---

[95] TURNER, Steve. *Engolidos pela Cultura Pop*: arte, mídia e consumo, uma abordagem cristã. Viçosa, MG: Ultimato, 2014, p. 242.

CONCLUSÃO

Minha esperança é que, ao longo da leitura deste livro, sua mente e seu coração tenham sido despertados para as principais questões da atualidade. Como dito anteriormente, de forma alguma tive a pretensão de esgotar o assunto nessas breves páginas, mas o caminho foi apresentado para que novas pesquisas sejam feitas e mais respostas sejam buscadas na Bíblia.

Por exemplo, uma das questões que ainda precisa de mais respostas é sobre as visões de mundo. Sem dúvida, estamos diante de um conflito de visões e concepções completamente distintas sobre a verdade. Porém, como indicado ao longo do livro, também há visões de mundo distintas entre cristãos. Essa questão ultrapassa os problemas teológicos e de interpretação bíblica, pois diz respeito à própria percepção do tempo e da forma como encaramos as promessas de Deus e a esperança cristã. Essa é uma das lacunas a ser desenvolvida em outro material.

Minha oração é que o Espírito Santo venha iluminar os seus passos, traga sabedoria, discernimento e prudência no seu agir, para que você possa, como disse o apóstolo Pedro, estar preparado para dar a razão da esperança da sua fé.

REFERÊNCIAS

ANDRADE, Claudionor Corrêa de. *Dicionário Teológico*. Edição revista e ampliada. Rio de Janeiro: CPAD, 1998.

ANTUNES, Jonatas Soares. A epidemia de golpes na internet e como se proteger ou amenizar o prejuízo. *Jusbrasil*, 2023. Disponível em: <https://www.jusbrasil.com.br/noticias/a-epidemia-de-golpes-na-internet-e-como-se-proteger-ou-amenizar-o-prejuizo/1668438492>. Aceso em: 17 abr. 2024.

ARRINGTON, French L.; STRONSTAD, Roger (ed.). *Comentário Bíblico Pentecostal*: Novo Testamento. 4ª ed. Rio de Janeiro: CPAD, 2006.

BERGER, Peter. A Dessecularização do Mundo: uma visão global. *Religião e Sociedade*, Rio de Janeiro, v. 21, n. 1, 2000. Disponível em: <http://www.uel.br/laboratorios/religiosidade/pages/arquivos/dessecularizacaoLERR.pdf>. Acesso em: 16 jun. 2024.

BERGER, Peter. *O Dossel Sagrado*: elementos para uma teoria sociológica da religião. São Paulo: Paulinas, 1985.

BOFF, Clodovis Maria. *A Crise da Igreja Católica e a Teologia da Libertação*. Campinas: CEDET, 2023.

BRASIL. Lei nº 13.709, de 14 de agosto de 2018. Disponível em: <https://www.planalto.gov.br/ccivil_03/_ato2015-2018/2018/lei/l13709.htm>. Acesso em: 13 out. 2023.

BRASIL vive uma segunda pandemia, agora na Saúde Mental. *COFEN*, 13 out. 2022. Disponível em:

<https://www.cofen.gov.br/brasil-enfrenta-uma-segunda-pandemia-agora-na-saude-mental/>. Acesso em: 17 abr. 2024.

CARSON, D. A. (org.). *A Verdade*: como comunicar o Evangelho a um mundo pós-moderno. São Paulo: Vida Nova, 2015.

CARVALHO, César Moisés. *Pentecostalismo e Pós-modernidade*: quando a experiência sobrepõe-se à Teologia. Rio de Janeiro: CPAD, 2017.

CHAMPLIN, Russel. *Enciclopédia da Bíblia, Teologia e Filosofia*: vol. 4, M-O. São Paulo: Hagnos, 2013.

CHAMPLIN, Russel. *Enciclopédia da Bíblia, Teologia e Filosofia*: vol. 6, S-Z. São Paulo: Hagnos, 2013.

CIALDINI, Robert B. *As Armas da Persuasão 2.0*. Edição revista e ampliada. Rio de Janeiro: HarperCollins Brasil, 2021.

CINTRA, Guilherme. Cinco destaques do encontro com Sam Altman, o CEO da OpenAI. *Fundação Lemann*, Em Pauta, 25 maio 2023. Disponível em: <https://fundacaolemann.org.br/noticias/cinco-destaques-do-encontro-com-sam-altman-o-ceo-da-openai>. Acesso em: 13 out. 2023.

COLSON, Charles; PEARCEY, Nancy. *E Agora como Viveremos?* Rio de Janeiro: CPAD, 2000.

COLSON, Charles; PEARCEY, Nancy. *O Cristão na Cultura de Hoje*: desenvolvendo uma visão de mundo autenticamente cristã. Rio de Janeiro: CPAD, 2006.

CONSUMO de fake news pode trazer danos à saúde mental. *Fundação de Saúde Pública de Novo Hamburgo*, 31 jul.

2020. Disponível em: <http://www.fsnh.net.br/modules/noticias/article.php?sto ryid=631>. Aceso em: 17 abr. 2024.

COSTA, Joaquim. Sociologia da Religião. Aparecida, SP: Editora Santuário, 2009.

DANIEL, Silas. *A Sedução das Novas Teologias*. Rio de Janeiro: CPAD, 2007.

GEISLER, Norman; MEISTER, Chad (org.). *Razões para Crer*: apresentando argumentos a favor da fé cristã. Rio de Janeiro: CPAD, 2013.

GRIMAL, Pierre. *Dicionário da Mitologia Grega e Romana*. 5ª ed. Rio de Janeiro: Bertrand Brasil, 2005.

HODGE, Charles. *Teologia Sistemática*. São Paulo: Hagnos, 2001.

HRYNIEWICZ, Severo. *Para Filosofar Hoje*. 4ª ed. Rio de Janeiro: Edição do Autor, 1999.

KUYPER, Abraham. *Calvinismo*. São Paulo: Cultura Cristã, 2002.

LADEIA, Donizeti Rodrigues. *A Matriz Filosófica do Presbiterianismo* no Brasil. 2014. Tese (doutorado em Ciências da Religião) UMESP, São Bernardo do Campo/SP.

LISBOA, João; SANTOS, Lyndon; AMARAL, Clínio (org.). *Os Protestantismos à Prova do Tempo:* Uma Introdução de Sua História no Brasil. Edição Kindle. Rio de Janeiro: Editora Itacaiúnas, 2022.

LOPES, Hernandes Dias. *Pregação Expositiva*: sua importância para o crescimento da igreja. São Paulo: Hagnos, 2010.

LOPES, Hernandes Dias. *2 Pedro e Judas*: quando os falsos profetas atacam a Igreja. São Paulo: Hagnos, 2013.

LOPES, Hernandes Dias. *2 Timóteo*: o testamento de Paulo à igreja. São Paulo: Hagnos, 2014.

MACCEDO, Paulo. *Copywrinting*: o método centenário de escrita mais cobiçado do mercado americano. São Paulo: DVS Editora, 2019.

MARCONDES, Danilo. *Iniciação à História da Filosofia*: dos pré-socráticos a Wittgenstein. Rio de Janeiro: Jorge Zahar Editor, 1997.

MARK, Margaret; PEARSON, Carol. *O Herói e o Fora-da-Lei*: como construir marcas extraordinárias usando o poder dos arquétipos. São Paulo: Cultrix, 2003.

MEDEIROS, Pedro H. C. de. *Por Cristo e Pela Pátria Brasileira*: Abolicionismo, Laicidade e Conservadorismo na Imprensa Protestante Oitocentista (1880-1904). 2020. Tese (doutorado em História). UFRRJ, Seropédica/RJ.

MENDONÇA, Antônio Gouvêa; VELASQUES FILHO, Prócoro. Introdução ao Protestantismo no Brasil. 2ª Ed. São Paulo: Edições Loyola, 2002.

MOISÉS, César. Missão Integral, Cosmovisão Cristã e Desigrejados – três movimentos que estão reconfigurando os protestantismos. In:

MONTEIRO, Gil. Desafios da Igreja na Pós-modernidade: manter a sã doutrina. In: ESCOLA BÍBLICA ANUAL DA ADEJA, 4, 2017, Nova Iguaçu/RJ. *Anais*.

MORIMOTO, Carlos E. *Dicionário Técnico de Informática*. 3ª ed. Guia do Hardware. Disponível em:

<http://www.dominiopublico.gov.br/download/texto/hd0 00001.pdf>. Acesso em: 12 out. 2023.

NIETZSCHE, Friedrich. *O Crepúsculo dos Ídolos ou a Filosofia a Golpes de Martelo*. Curitiba: Hemus Livraria, Distribuidora e Editora S.A.

O QUE É o algoritmo do Instagram? Entenda como funciona o feed da rede. Techtudo. Disponível em: <https://www.techtudo.com.br/listas/2023/04/o-que-e-o-algoritmo-do-instagram-entenda-como-funciona-o-feed-da-rede-edapps.ghtml>. Acesso em: 12 out. 2023.

PEARLMAN, Myer. *Através da Bíblia livro por livro*. 2ª ed. rev. e atual. São Paulo: Editora Vida, 2006.

PEARCEY, Nancy. *Verdade Absoluta*: libertando o Cristianismo de seu cativeiro cultural. Rio de Janeiro: CPAD, 2006.

PFEIFFER, Charles; VOS, Howard; REA, John. *Dicionário Bíblico Wycliffe*. 2ª ed. Rio de Janeiro: CPAD, 2007.

REINKE, Tony. *A Guerra dos Espetáculos*: o cristão na era da mídia. São José dos Campos, SP: Editora Fiel, 2020.

RIBEIRO, Boanerges. *A Igreja Presbiteriana no Brasil, da Autonomia ao Cisma*. São Paulo: Livraria o Semeador, 1987.

RICHARDS, Lawrence. *Comentário Histórico-Cultural do Novo Testamento*. 3ª edição. Rio de Janeiro: CPAD, 2008.

RODRIGUES, Claudia. *Nas Fronteiras do Além*: a secularização da morte no Rio de Janeiro (séculos XVIII e XIX). Rio de Janeiro: Arquivo Nacional, 2005.

SANTAELLA, Lucia. *A Pós-Verdade é Verdadeira ou Falsa?* Edição Kindle. Barueri, SP: Estação das Letras e Cores, 2018.

SARTRE, Jean-Paul. Existencialismo é um humanismo. Disponível em: <http://www.educadores.diaadia.pr.gov.br/arquivos/File/2010/sugestao_leitura/filosofia/texto_pdf/existencialismo.pdf>. Acesso em: 17 abr. 2024.

SILVA, Antônio Gilberto da. *Bíblia com Comentários de Antônio Gilberto*. Rio de Janeiro: CPAD, 2021.

SILVA, Rejane Souza. *A Mulher e sua Saúde Emocional*: a busca do equilíbrio entre o espírito, a alma e o corpo. Rio de Janeiro: CPAD, 2019.

SOARES, Esequias. Teologia – A Doutrina de Deus. In: GILBERTO, Antônio (ed.). *Teologia Sistemática Pentecostal*. Rio de Janeiro: CPAD, 2008.

SOWELL, Thomas. *Conflito de Visões*: origens ideológicas das lutas políticas. São Paulo: É Realizações, 2012.

STRONG, James. Dicionário Grego do Novo Testamento de James Strong anotado pela AMG. In: BENTHO, Esdras Costa (ed.). *Bíblia de Estudo Palavras-Chave Hebraico e Grego*. 4ª ed. Rio de Janeiro: CPAD, 2015.

STRONG, James. Dicionário Hebraico do Antigo Testamento de James Strong anotado pela AMG. In: BENTHO, Esdras Costa (ed.). Bíblia de Estudo Palavras-Chave Hebraico e Grego. 4ª ed. Rio de Janeiro: CPAD, 2015.

TURNER, Steve. *Engolidos pela Cultura Pop*: arte, mídia e consumo, uma abordagem cristã. Viçosa, MG: Ultimato, 2014.

VEJA como os algoritmos do Instagram podem ajudar você. Instagram. Disponível em:

<https://creators.instagram.com/grow/algorithms-and-ranking?locale=pt_BR>. Acesso em: 12 out. 2023.

VOSOUGHI, Soroush; ROY, Deb; ARAL, Sinan. The spread of true and false news online. *Science,* n. 6380, v. 359, pp. 1146-1151. Disponível em: <https://www.science.org/doi/10.1126/science.aap9559>. Acesso em: 17 abr. 2024.

WEBER, Max. *A Ética Protestante e o Espírito do Capitalismo.* Edição de Antônio Flávio Pierucci. São Paulo: Companhia das Letras, 2004.

WEBER, Max. *Ensaios de Sociologia.* 5ª ed. Rio de Janeiro: LTC – Livros Técnicos e Científicos Editora S.A., 1982.

WILLAIME, Jean-Paul. *Sociologia das Religiões.* São Paulo: Editora UNESP, 2012.

WORD of the Year 2016. *Oxford Languages.* Disponível em: <https://languages.oup.com/word-of-the-year/2016/>. Acesso em 17 abr. 2024.

AGRADECIMENTOS

A realização de uma pesquisa é uma jornada cuja apresentação de seus resultados é necessária, mas jamais deve ser tomada como um ponto de chegada. Há sempre mais a ser descoberto e analisado. Em razão disso, ninguém que decida iniciar essa aventura, pode se dar ao luxo de recusar ou de não pedir ajuda a outros. Afinal, quem não está disposto a se sentar para aprender, não pode se levantar para ensinar.

O bom Deus tem me agraciado nesta jornada e tem colocado diante de mim pessoas que têm sido essenciais para a produção deste material. Por isso, agradeço ao pr. Gil Monteiro, por ser meu mestre em Teologia há dez anos, ao meu pastor presidente Alexandre Costa, pelo incentivo e oportunidade de apresentar os temas deste livro em palestras e pregações no púlpito da ADEJA, ao amigo pr. César Moisés, pelas provocações e pelo trabalho que tem realizado na consolidação da teologia pentecostal, aos amigos Fernanda Terra e seu esposo Pedro Azevedo, pelas indicações bibliográficas e pelas provocações em relação aos problemas da pós-verdade, da era digital e dos "teólogos de internet", ao amigo pr. Anderson Barreto pelo primoroso prefácio e ao amigo pr. Cristiano Teixeira, pela leitura crítica. Cada um de vocês teve sua contribuição direta no desenvolvimento deste livro.

Obrigado e que o Senhor vos abençoe!